A NOVA EDUCAÇÃO
PROFISSIONAL
PARA O TRABALHO NO BRASIL DO SÉCULO XXI

A NOVA EDUCAÇÃO
PROFISSIONAL
PARA O TRABALHO NO BRASIL DO SÉCULO XXI

PAULO ROBERTO CAMPELO
FONSECA E FONSECA

A Nova Educação Profissional para o Trabalho no Brasil do Século XXI
Paulo Roberto Campelo Fonseca e Fonseca
1ª Edição
Janeiro - 2017
Salvador - Bahia

preparo de originais: Paulo Roberto Campelo Fonseca e Fonseca

diagramação e capa: Asè Editorial

imagens: © Freepik

CIP BRASIL — CATALOGAÇÃO NA PUBLICAÇÃO

F676a	Fonseca, Paulo Roberto Campelo Fonseca e, 1986 —
	A Nova Educação Profissional para o Trabalho no Brasil do Século XXI / Paulo Roberto Campelo Fonseca e Fonseca. 1ª ed. / Salvador: Asè Editorial, 2017.
	124 p.; 14 x 21cm
	ISBN: 978-85-92861-50-6
	1. Economia 2. Educação Profissional 3. Gestão de Pessoas
	I. Título.
CDD 330	CDU 331-331.5

Printed in Brazil

AGRADECIMENTOS

Venho agradecer as pessoas que direta ou indiretamente foram fundamentais para a consecução desta obra, ais quais faço saber:

• A pessoa de Jesus por intermédio do seu Espírito Santo, a quem devo a vida e a salvação. Dono de todo conhecimento e Ciência;

• Renilma de Sousa Pinheiro Fonseca – Doutoranda da Rede de Biodiversidade e Biotecnologia da Amazônia Legal – Bionorte. Mestre em Química Analítica e Graduada em Química Licenciatura pela UFMA, e além de tudo, minha esposa e ajudadora;

• Heocenir de Santa Clara. Avó;

• Florimar Campelo Fonseca e Fonseca – Técnica em Saneamento Ambiental, Pedagoga e Teóloga. Minha amada mãe minha heroína;

• Paulino Bispo Fonseca e Fonseca – Técnico em Saneamento Ambiental e Teólogo. Minha referência, meu Pai;

• Jessica Campelo Fonseca e Fonseca – Engenheira de Produção pela Universidade Estadual do Maranhão e principalmente minha irmã;

• Flávio Bezerra de Farias – Professor Doutor do Mestrado em Desenvolvimento Socioeconômico da Universidade Federal do Maranhão

• Sergio Sampaio Cutrim – Professor do Curso de Administração da Universidade Federal do Maranhão;

• Vilma Moraes Heluy – Professora do Curso de Administração da Universidade Federal do Maranhão;

• Maria Raimunda Marque Mendes - Professora do Curso de Administração da Universidade Federal do Maranhão;

• Taici Gamero – Gerente do Centro de Educação Profissional e Tecnológica do SENAI -MA– Itaqui Bacanga (CEPT- IB);

• Germano José Soeiro – gerente operacional do Centro de Educação Profissional e Ações Móveis do Senai- MA.

SUMÁRIO

PREFÁCIO

Demonstrar a forma e os propósitos que a educação profissional assume no Brasil no Século XXI é o objetivo deste Livro. Para isso foi feito um estudo do Estado fordista e de sua busca pelo pleno emprego, bem como do Estado pós-fordista e sua busca pela empregabilidade. No contexto brasileiro mostramos como a educação profissional transforma-se em meio à reestruturação produtiva na passagem do século XX para o século XXI. Essa transformação na educação profissional do fordismo para o pós-fordismo em sua forma periférica no Brasil, caracteriza-se principalmente pelo aumento no nível de escolaridade dos trabalhadores pautado no toyotismo, e na mudança de uma educação profissional voltada para promover somente qualificação técnica, por uma voltada para a promoção de competências pessoais. Assim, presencia-se a partir do século XXI, o desdobramento de uma nova educação profissional que venha a atender as exigências do novo regime de acumulação do capital que passa emergir no Brasil.

Este livro tem como objetivos principais:

• Atender, como literatura básica, às disciplinas de Teoria Geral da Administração, Teoria Econômica, Ciência Política, Gestão Pública, dentre outras que subsidiam os cursos de administração, economia, ciências sociais, políticas públicas e gestão pública.

• Compreender o desdobrar das transformações no mercado de trabalho e na educação profissional ocorridas no início do século XXI, bem como o novo perfil de trabalhador que tais mudanças ensejam.

O livro é composto por duas partes, tendo cada parte dois capítulos, sendo dividido da seguinte forma:

PARTE 1 – GRANDES TRANFORMAÇÕES NO MERCADO DE TRABALHO E NA EDUCAÇÃO PROFISSIONAL

A primeira parte deste livro mostrará as grandes transformações ocorridas a nível mundial no mercado de trabalho e na educação profissional, perpassando pelas eras do taylorismo/fordismo e do pós-fordismo. Quais são as características dos sistemas de produção fordista e pós-fordista, e o perfil do trabalhador exigido por tais sistemas. Que forma segundo o regime político, o Estado assumiu durante o período em que o regime de acumulação do capital era o fordismo e no momento em que é o pós-fordista, e as implicações das ações do Estado sobre a educação profissional.

Capítulo 1 – A EDUCAÇÃO PROFISSIONAL NO FORDISMO E O PLENO EMPREGO

Este capítulo vem argumentar a cerca da educação profissional voltada a atender as exigências do mercado no que tange à qualificação de mão de obra, expressando no fordismo um objetivo que faz alusão a moldar o trabalhador à lógica do capital, impondo-o a disciplina ao trabalho. O fordismo como regime de acumulação do capital é analisado segundo o seu regime político como um Estado social-democrático (o Estado do Bem-Estar Social), onde o Estado efetiva políticas educacionais de promoção da educação profissional submetida à lógica do capital com vistas a alcançar o pleno emprego da força de trabalho e dos meios de produção.

Capítulo 2 – A EDUCAÇÃO PROFISSIONAL NO PÓS-FORDISMO E A EMPREGABILIDADE

Este Capítulo preconiza que a reestruturação produtiva que origina o pós-fordismo, pautado no sistema de produção Toyota, trouxe impactos as relações sociais, alterando o comportamento do trabalhador por intermédio das várias formas de mediação e conflitos, de forma a ser conduzido pelo Estado a busca da empregabilidade, que se torna a nova forma de moldar o trabalhador ao capital, por intermédio da síndrome do medo da perda do posto de trabalho.

PARTE 2 – A EDUCAÇÃO PROFISSIONAL NO SOCIAL LIBERALISMO BRASILEIRO.

A segunda parte deste livro tratará mais especificamente do cenário brasileiro, e como o fordismo e o pós-fordismo se aplicaram no país no início do século XXI, abordando principalmente as mutações ocorridas na educação profissional durante os governos de Fernando Henrique Cardoso, de Luiz Inácio Lula da Silva e de Dilma

Vana Rousseff, partindo do pressuposto de que os mesmos são sociais liberais. Por fim, trata-se da nova educação profissional que se manifesta no Brasil da primeira década do Século XXI como forma de atender ao novo sistema de produção que está emergindo no país, através de um estudo de caso do Serviço Nacional de Aprendizagem Industrial – SENAI.

Capítulo 3 – A EXPERIÊNCIA DO GOVERNO FHC COM BAIXA QUALIFICAÇÃO

Este capítulo retrata que a partir dos anos 90, no governo FHC, o Brasil passa a se reestruturar adotando um Estado Social-Liberal, de forma a introduzir os princípios do regime de acumulação do capital Toyota. Para isso, o governo implementa ações e políticas que venham a viabilizar principalmente por meio da educação profissional, o estabelecimento do sistema de produção e regime de acumulação do capital toyotista no país, que em sua gestação se fez híbrido, não rompendo totalmente com o taylorismo/fordismo, coexistindo com tais sistemas, e manifestando ainda a exigência de uma baixa qualificação do trabalhador.

Capítulo 4 – A EXPERIÊNCIA DOS GOVERNOS PETISTAS COM ALTA QUALIFICAÇÃO

Este capítulo disserta sobre o desprendimento maior do taylorismo/fordismo ocorrido nos governos petistas, com o crescimento e consolidação do sistema de produção Toyota no setor industrial, exigindo o aumento no nível de escolaridade da população. Essa exigência de uma maior educação leva os governos petistas de Lula e Dilma, a efetivarem políticas educacionais que venham a atender o mercado, havendo um equilíbrio maior nas políticas que atendiam tanto o lado social como o lado liberal, conotando, assim, o governo de Lula ser mais social do que liberal, ainda que a olho nu, essa balança estivesse equilibrada.

INTRODUÇÃO

Durante todo o século XX e no início do século XXI, observaram-se transformações no mercado de trabalho e como consequência, transformações também na educação profissional. Tais mudanças derivaram da forma como o Estado interveio no mercado e dos tipos de sistemas de produção que foram surgindo nos últimos cem anos, descritos entre o século XX e XXI. Neste livro definiremos, sistemas de produção, como o conjunto de subsistemas interdependentes entre si, que formam o todo, ou seja, o conjunto de características intrínsecas a forma como se gerencia uma produção, ao uso da mão de obra e ao tipo de educação profissional exigida. Serão estudados neste livro os sistemas de produção taylorista, fordista e toyotista.

Até fins dos anos 1970, o sistema de produção fordista ou fordismo, integra um regime de acumulação do capital, possuindo como característica, uma produção rígida, que se preocupa sobretudo, com a quantidade produzida, embora utilizando inúmeras inovações, vinculadas ao complexo militar-industrial.

Dessa forma, no fordismo, busca-se um trabalhador que saiba fazer rápido e com técnica, as atividades na produção, a fim de aumentar a produtividade, assim necessitando de uma educação profissional que molde o aluno/trabalhador, a atender as exigências e necessidades do sistema fordista de produção. Nesse contexto, o Estado regula o mercado, auxiliando no desenvolvimento do fordismo, apresentando-se como um Estado de Bem-

Estar Social, buscando o pleno emprego, fornecendo por meio da educação profissional, mão de obra qualificada e moldada ao fordismo, como expõe Farias (2001b, p.93) a respeito dos fins do Estado nos regulacionistas tecnicistas:

> Para a tendência tecnicista, o Estado-providência é simplesmente uma forma social reguladora que globaliza, seja pela violência, seja pelo consenso, um conjunto de compromissos institucionalizados, estabelecendo regras e normas para as categorias em conflito, num contexto em que nenhuma das forças em presença pode dominar as forças adversas para impor interesses particulares.

O fordismo, bem como o toyotismo, além de sistemas de produção serão vistos também neste livro, como regimes de acumulação do capital, com base na escola da regulação, que se reclama do keynesianismo (FARIAS, 2001b) e que estuda "o conjunto total de relações e arranjos que contribuem para a estabilização do crescimento do produto e da distribuição agregada de renda e de consumo no período histórico e num lugar particulares" (HARVEY, 2010, p. 118). Sendo assim, um regime de acumulação:

> Descreve a estabilização, por um longo período, da alocação do produto líquido entre consumo e acumulação; ele implica alguma correspondência entre a transformação tanto das condições de produção como das condições de reprodução de assalariados.
> (HARVEY, 2010, p. 117)

Fundamentar-se-á o estudo neste livro partindo dos estudos de Farias (2001b, p. 70) sobre a relação salarial ou sociedade salarial, e a escola da regulação no que tange aos fins do Estado de Gramsci aos regulacionistas, e como os mesmos, "aconselharam os governos social-democratas a agirem tanto sobre o trabalho quanto sobre o capital, por intermédio de medidas nos domínios da produção e da circulação"; aos fins do Estado nos regulacionistas politicistas, partindo do pressuposto da existência de uma "(...) sociedade regulada (...) tomada por um fruto natural de crescimento do capital monopolista, implicando em novas funções estatais concernentes à regulação da produção, da reprodução e da crise" (FARIAS, 2001b, p.78); e dos fins do Estado nos regulacionistas tecnicistas, demonstrando-se que "os capitalistas sempre fizeram do progresso técnico uma arma a mais de seu arsenal na luta contra a classe operária" (FARIAS, 2001b, p.91).

Ainda no século XX, a partir de fins dos anos 70 observa-se a nível mundial uma reestruturação produtiva, em que há o abandono do sistema de produção fordista em consequência da crise do Estado de Bem-Estar Social, haja vista, que tal sistema não atendia mais as necessidades de um mundo, que nesse contexto, buscava a globalização através da internacionalização dos capitais. Com a concorrência cada vez mais acirrada entre empresas a nível internacional, e com base nas novas exigências do mercado consumidor, as organizações buscam a qualidade do produto final e do processo de produção, como um todo, para além da quantidade produzida.

Num cenário, de primazia do mercado (FARIAS,

2001b), surge no Japão, o pós-fordismo com um sistema de produção que ganha força internacionalmente, o sistema Toyota, o qual faz com que o mercado de trabalho se transforme, pois o perfil do trabalhador exigido pelo toyotismo diverge do trabalhador exigido pelo fordismo, não sendo necessário somente fazer uma reestruturação produtiva nos processos de produção e nos próprios parques fabris, mas também, uma reestruturação na educação profissional, a fim de obter-se mão de obra que atenda ao espírito Toyota.

No cenário brasileiro, essa reestruturação produtiva que aconteceu a nível mundial a partir de fins dos anos 70, acontece de forma tardia e embrionária nos anos 80 e 90. No governo de FHC, efetivado nos anos 90, o Brasil dá os seus primeiros passos para propiciar as mudanças necessárias para a implementação do pós-fordismo, colocando o alicerce através de várias políticas educacionais para iniciar-se a construção da reestruturação produtiva no país. Entretanto, o perfil da indústria e do trabalhador do Brasil, no término do século XX, ainda descreviam as características do fordismo, levando a literatura a denominar o surgimento de um neofordismo, um fordismo que se inovara pegando alguns traços do toyotismo.

É no início do século XXI, dando continuidade ao alicerce elaborado no século XX por intermédio de políticas que reestruturaram a educação profissional no Brasil, tais como, o Plano Nacional de Qualificação do Trabalhador - PLANFOR e a Lei de Diretrizes e Bases da Educação Nacional - LDB, que o país percebe um crescimento no nível de educação, uma das exigências do novo sistema de produção toyotista. Entretanto, no Brasil, semelhantemente ao que aconteceu nos Estados Unidos da América, na passagem da era fordista para era pós-fordista, o nível elevado de educação do trabalhador só serve para ser um critério de seleção por parte do mercado de trabalho, pois em muitas regiões do país, a indústria brasileira não tem as características do toyotismo presenciado em países desenvolvidos, não podendo usar toda essa qualificação do trabalhador no seu processo produtivo; sendo então mais coerente denominar de toyotismo periférico, o toyotismo que se apresenta no Brasil no início do século XXI.

Cabe ressaltar, que a nova educação profissional que é fomentada no Brasil no século XXI é uma imposição de organismos internacionais como, o Banco Internacional para Reconstrução e Desenvolvimento - BIRD, a Organização Internacional do Trabalho - OIT, a Organização para a Cooperação e Desenvolvimento Econômico - OCDE, Organização das Nações Unidas para a Educação, a Ciência e a Cultura - UNESCO, Banco Interamericano de Desenvolvimento – BID, dentre outros, para países subdesenvolvidos, com o objetivo de promover o financiamento da educação profissional nesses países, assim como a globalização e internacionalização de capitais, usando esses países como o terceiro mundo, expressão utilizada para designar o local onde os países desenvolvidos instalam suas indústrias e exploram os recursos naturais e a mão de obra, que agora em meio a globalização e maior exigência do consumidor por produtos e serviços com qualidade, deve ser uma mão de obra qualificada, com alto grau de instrução e detentora de competências pessoais.

Sendo assim, a UNESCO preconiza que deve-se no século XXI fomentar uma educação ao longo da vida, uma educação que não só busque formar somente o saber fazer como era buscado no fordismo, mas uma educação que forme no alunato, que será o futuro trabalhador, as competências: aprender a conhecer, aprender a fazer, aprender a ser e aprender a conviver juntos. Tais competências preconizadas pela UNESCO, que devem ser geradas no alunato, são requisitos que formam o perfil do trabalhador toyotista. Diante disso, no Brasil, órgãos nacionais como, a Confederação Nacional da Indústria - CNI, Federação das Indústrias do Estado de São Paulo - FIESP e o Serviço Nacional de Aprendizagem Industrial - SENAI, dentre outras, adotaram tal mandamento da UNESCO, com o objetivo de promover à reestruturação produtiva no Brasil, formando uma mão de obra moldada as exigências do novo regime de acumulação do capital, o toyotismo. A exemplo, podemos citar a CNI, que publicou em 2013 um livro intitulado, Metodologia SENAI de Educação Profissional, onde está descrito a adoção dos mandamentos da UNESCO e a nova metodologia do SENAI, que volta-se a substituir as Séries Metódicas Ocupacionais (SMOs), metodologia SENAI de educação que atendia as exigências do mercado pautado no fordismo, por uma nova metodologia SENAI de educação, voltada a gerar não só qualificação técnica e profissional (o saber fazer), mas competências pessoais e profissionais (aprender a conhecer, aprender a fazer, aprender a ser e aprender a conviver juntos). Observa-se então que a educação profissional, foi ao longo da era fordista e toyotista se moldando à ideologia do "mercado livre e eterno" (FARIAS,2001b, p. 98) tendo o Estado como facilitador, através de regulamentações, no que tange a produzir mão de obra qualificada e moldada na metodologia de tais sistemas de produção. Diante do exposto, este trabalho possui como objetivo responder as seguintes questões, hipóteses:

(1) Será que a educação profissional sempre esteve condicionada ao regime de acumulação do capital adotado, e que o Estado sempre interveio no mercado, no sentido de promover a acumulação do capital, assumindo formas diferentes quanto ao regime político, mas sempre usando ferramentas como, a relação salarial, a insegurança do emprego e a disciplina do trabalho, para condicionar a força de trabalho a servir aos regimes de acumulação do capital?

(2) Será que no início do século XXI no Brasil, está a surgir uma nova educação profissional, que é moldada, até um certo ponto, segundo as exigências do regime toyotista de acumulação do capital?

Para tanto, se utilizará como referência teórica para a resolução dessas questões a escola da regulação ou Escola Francesa da Regulação – EFR e se estudará o caso do Serviço Nacional de Aprendizagem Industrial - SENAI. Este trabalho está dividido em duas partes, cada parte possuindo dois capítulos. A primeira parte desse estudo verificará as grandes transformações ocorridas a nível mundial no mercado de trabalho e na educação profissional, perpassando pelas eras do taylorismo/ fordismo e do pós-fordismo. Como também verificará quais são as características dos sistemas de produção fordista e pós-fordista, e o perfil do trabalhador exigido por tais sistemas. E que forma segundo o regime político, o Estado assumiu durante o período em que o regime de acumulação do capital era o fordismo e no momento em que é o pós-fordista, e as implicações das ações do Estado sobre a educação profissional.

A segunda parte tratará mais especificamente do cenário brasileiro, e como o fordismo e o pós-fordismo se aplicaram no país no início do século XXI, abordando principalmente as mutações ocorridas na educação profissional durante os governos de Fernando Henrique Cardoso, de Luiz Inácio Lula da Silva e de Dilma Vana Rousseff, partindo do pressuposto de que os mesmos são sociais liberais. Por fim, trata-se da nova educação profissional que se manifesta no Brasil da primeira década do Século XXI como forma de atender ao novo sistema de produção que está emergindo no país, através de um estudo de caso do Serviço Nacional de Aprendizagem Industrial – SENAI.

PARTE 1

GRANDES TRANFORMAÇÕES NO MERCADO DE TRABALHO E NA EDUCAÇÃO PROFISSIONAL

A intervenção estatal ao longo do tempo mudou a sua forma, mas sempre permaneceu condicionada pela utilização da força de trabalho. Para utilizar essa força de trabalho o Estado "combina dois aspectos diferentes e complementares: a disciplina do trabalho e a insegurança do emprego". (BRUNHOFF, 1985, p. 7)

Parte-se do pressuposto de que, os dois aspectos citados por Suzanne de Brunhoff, neste livro, sustentaram as formas que o Estado assumiu ao longo do século XX e XXI, no Estado fordista e no Estado pós-fordista. Entretanto, verifica-se que a insegurança do emprego atua mais forte no pós-fordismo, em que se busca de maneira desenfreada a empregabilidade, como forma de amenizar tal insegurança, ao mesmo tempo em que houveram mudanças profundas na disciplina do trabalho.

Neste contexto, a educação profissional é oferecida pelo Estado com o intuito de produzir mão de obra para o capital, e com o papel de treinar os trabalhadores a se submeterem à lógica do mercado, de forma a promover a disciplina do trabalho e a insegurança do emprego por intermédio da empregabilidade, assim, mantendo aprisionada a força de trabalho sujeita às exigências do capital, como podemos verificar na fala da Organização Internacional do Trabalho – OIT, quando expõe que o desenvolvimento de competências, ou seja, a educação profissional é uma estratégia para aumentar a empregabilidade e a promoção do emprego pleno:

> A estratégia da OIT para a promoção do emprego pleno, produtivo, de qualidade e livremente escolhido inclui os seguintes resultados principais: a) políticas coordenadas e coerentes para gerar crescimento do emprego inclusivo; b) políticas de desenvolvimento de competências para aumentar a empregabilidade dos trabalhadores e trabalhadoras, a competitividade das empresas e o crescimento inclusivo; e c) políticas e programas para promover a sustentabilidade das empresas e o empreendedorismo. (OIT, 2015, p.6)

Dessa forma, a educação profissional sempre esteve submetida à lógica do capital como argumenta Machado (2000 *apud* HANDFAS, 2006, p. 230), ao expor que: "os pressupostos que embasaram a legislação da formação profissional estiveram subordinados 'ao interesse econômico, ao funcionar como qualificadora de mão-de-obra e de força de trabalho', reforçando as relações de exploração capitalista" (grifo do autor).

Entretanto, ainda que a educação profissional sempre esteja submetida à lógica do capital, a mesma nem sempre buscou os mesmos objetivos. Nos períodos do fordismo e do pós-fordismo ela buscou interesses diferentes. No fordismo, a educação profissional fornecida pelo Estado mantém-se submetida à lógica do mercado, mas busca satisfazer os interesses da política do Estado de Bem-Estar Social, do Keynesianismo (*welfare state*), galgando assim, o pleno emprego. Já no pós-fordismo, em meio a reestruturação do capital, a educação profissional também mantém\-se submissa à lógica do mercado, entretanto, busca somente satisfazer a política da empregabilidade do toyotismo, que desenvolve uma nova lógica de disciplina do trabalho.

CAPÍTULO 1

A EDUCAÇÃO PROFISSIONAL NO FORDISMO E O PLENO EMPREGO

Antes de adentrarmos no aspecto da forma que assume a educação profissional no fordismo em busca do pleno emprego, cabe conceituar o tipo de educação profissional à qual faremos referência. Com base em parâmetros da educação brasileira por intermédio do Instituto Nacional de Estudos e Pesquisas Educacionais Anísio Teixeira – INEP e da Lei de Diretrizes e Bases da Educação Nacional – LDB (lei nº11.741/2008), a educação profissional está dividida em três níveis: qualificação profissional, técnico e tecnológico.

Na LDB, no 3º capítulo no § 2º do seu Art. 39, diz que a educação profissional e tecnológica abrangerá os cursos de: (1) formação inicial e continuada ou qualificação profissional; (2) educação profissional técnica de nível médio e (3) educação profissional tecnológica de graduação e pós-graduação. Cabe ressaltar, que a palavra "tecnológica" foi adicionada ao título do capítulo III da LDB pela lei nº 11.741, de 16 de julho de 2008.

A educação profissional de nível técnico diz respeito a cursos de nível médio, os quais fomentam a preparação do alunado para o mundo do trabalho, a qual se subdivide nas formas: integrante, concomitante ou subsequente; e a educação profissional tecnológica diz respeito a cursos de nível superior (graduação e pós-graduação).

A educação profissional voltada a atender as exigências do mercado no que tange à qualificação de mão de obra, expressa no fordismo um objetivo que faz alusão a moldar o trabalhador à lógica do capital, impondo-o a disciplina ao trabalho. Quando fazemos referência ao fordismo, estamos denominando ou um sistema de produção ou um regime de acumulação de capital, e é necessário se fazer a distinção entre essas duas formas do fordismo que se combinam, mas não são iguais. Quando tratamos do fordismo como sistema de produção, estamos tratando de características intrínsecas a uma forma de gestão da produção e da força de trabalho, características essas, que podem ser notadas no cotidiano em algumas empresas em qualquer lugar do mundo, podendo conotar um fator local, inerente às empresas. Entretanto, o fordismo como regime de acumulação de capital, faz apologia a uma forma adotada pelo capital para se reproduzir em um dado espaço e tempo, podendo conotar assim, um fator de larga escala, que abrange não só empresas, mas também o Estado.

Daremos enfoque ao fordismo nessas duas formas, partindo do pressuposto que o regime de acumulação do capital se estabelece a partir de um benchmarking, ou seja, da "busca das melhores práticas da administração, como forma de identificar e ganhar vantagens competitivas" (MAXIMIANO, 2006, p. 338). Ao identificarem que a disciplina do trabalho do sistema fordista de produção estadunidense angariava vantagens competitivas e acumulava capital, outros países passaram a utilizar a mesma metodologia, transformando o fordismo em algo que ultrapassou as barreiras dos Estados Unidos da América.

Por sua vez, o fordismo como regime de acumulação do capital será analisado segundo o seu regime político como um Estado social-democrático (o Estado do Bem-Estar Social), onde o Estado efetiva políticas educacionais de promoção da educação profissional submetida à lógica do capital com vistas a alcançar o pleno emprego, da força de trabalho e dos meios de produção.

1.1. FORDISMO COMO SISTEMA DE PRODUÇÃO E A EDUCAÇÃO PROFISSIONAL

Não se pode falar de fordismo sem falar do seu precedente, o taylorismo, o qual possui uma relação peculiar e complementar com o mesmo. Em meio à expansão da revolução industrial na América, criou-se uma nova realidade no que tange à relação entre a força de trabalho e o capital, principalmente a partir do que veio a se denominar de taylorismo.

Para gerir a produtividade da força de trabalho, Frederick Winslow Taylor criou um movimento denominado, administração científica, a qual teve seu berço na Sociedade Americana dos Engenheiros Mecânicos (ASME), fundada em 1880. A administração científica de Taylor tinha como uma de suas ideias fundamentais: "A produtividade resulta da eficiência do trabalho e não da maximização do esforço.

A questão não é trabalhar duro, ou depressa, nem bastante, mas trabalhar de forma inteligente" (MAXIMIANO, 2006, p. 58).

O conceito de eficiência que descrevia o que seria a administração científica, consistia em produzir o máximo possível, sabendo utilizar da melhor forma os recursos disponíveis, ou seja, produzir muito gastando menos. Uma das estratégias adotadas para isso, pelo taylorismo, foi à divisão do trabalho. Como expõe Braverman (2012, p. 86), "nesse sentido, ele (Taylor) foi o pioneiro de uma revolução muito maior na divisão do trabalho que qualquer outra havida". O princípio de Babbage discrimina como se proporciona economia através da divisão do trabalho:

> O trabalho pode ser dissociado, pode ser separado em elementos, alguns dos quais são mais simples que outros e cada qual mais simples que o todo. Traduzido em termos de mercado, isto significa que a força de trabalho capaz de executar o processo pode ser comprada mais barato como elementos dissociados do que como capacidade integrada num só trabalhador. (BRAVERMAN, 2012, p. 79)

Com a divisão do trabalho, cada trabalhador ganhava proporcionalmente ao tipo de atividade que executava podendo essa, ser mais simples ou complexa, sendo assim, havia uma redução no custo do pagamento ao trabalhador na divisão do trabalho em detrimento de um pagamento efetivado a um só trabalhador para efetuar todo o processo de produção. Além de proporcionar a diminuição do tempo gasto para efetivar a produção e consequentemente, uma maior produtividade, a divisão do trabalho também proporcionava economia.

O trabalhador para produzir de forma eficiente, teria que adotar os princípios da administração científica, baseados no estudo sistemático e científico do tempo (e, em seguida, tempos e movimentos), que preconizava que cada tarefa tinha uma forma correta de ser realizada (os movimentos executados deveriam evitar a fadiga muscular) e um tempo padrão pré-determinado de maneira científica levando em consideração quanto tempo um trabalhador dando o melhor de si levava para cumprir uma tarefa. Os estudos dos tempos e movimentos surgiram com a intenção de resolver o problema dos salários, que criavam conflitos na relação entre a força de trabalho e o capital, pois: "o sistema de pagamento da época (pagamento por dia trabalhado e pagamento por peça produzida) tinham o efeito de fazer o trabalhador acreditar que seu esforço beneficiava apenas o patrão" (MAXIMIANO, 2006, p. 54).

O trabalhador ficava insatisfeito com os seus salários, uma vez que inicialmente era acordado um valor a ser pago por peça, entretanto esse valor era diminuído pelos administradores quando a produção aumentava. Diante de tal circunstância, os trabalhadores boicotavam a produção deixando-a, propositalmente, de maneira baixa. A solução achada por Taylor foi criar uma forma de fazer com que o trabalhador soubesse que o seu salário dependia do seu esforço e não da vontade do administrador, assim, diminuindo as reclamações e gerando um conformismo nos operários. Para isso, Taylor primeiramente descobriu quanto um homem dando o melhor de si levava para produzir uma peça e a partir dessa informação, estabeleceu um pagamento por peça, sem que fosse necessário se reduzir tal valor com o aumento da produção pelos trabalhadores. Esse processo, Taylor denominou de administração científica do trabalho. Dessa forma, o operário se via obrigado a trabalhar o suficiente para obter o salário que esperava, gerando assim um aumento na produtividade, e diminuindo a impressão de que somente o patrão levava vantagem, como expõe Castel (2009, p.426):

> com a organização científica do trabalho, em compensação, o trabalhador é fixado não por uma coerção externa, mas pelo encadeamento das operações técnicas cuja cronometragem definiu rigorosamente a duração. Assim, acha-se eliminado o 'perambular' operário e, com ele, a margem de iniciativa e de liberdade que o trabalhador conseguia preservar. Mais ainda, as tarefas parceladas tornando-se simples e repetitivas, uma qualificação sofisticada e polivalente é inútil. O operário é destituído do poder de negociação que o 'oficio' lhe propiciava.

Diante dessas insatisfações, por parte dos trabalhadores, fazia-se necessário já no momento da contratação buscar trabalhadores que psicologicamente estivessem mais orientados para trabalhar suportando todas as disparidades, como podemos exemplificar com a descrição de Taylor da seleção científica do trabalhador Schmidt:

Finalmente, dos quatro, escolhemos um, como mais apto para começar. Era um pequeno holandês, vindo da Pensilvânia, que costumava correr à tarde, de volta para casa, situada mais ou menos a uma milha, tão bem disposto, como quando chegava correndo para o trabalho pela manhã. Soubemos que com o salário de $ 1,15 dólares, por dia, ele tinha conseguido comprar um pequeno terreno e se empenhava em construir uma casinha própria, trabalhando para isto, de manhã, antes de entrar na fábrica, e à tarde, depois de deixa-la. Tinha também fama de ser seguro, isto é, de dar muito valor ao dinheiro. Uma pessoa com quem conversamos, disse-nos a respeito dele: um centavo parece-lhe tão grande como uma roda de carroça. Chamaremos esse homem de Schmidt. (TAYLOR, 1970, p.54-55 *apud* SILVA, 2009, p.196)

A descrição do trabalhador denominado por Taylor de Schmidt remete-nos a um indivíduo com o perfil do trabalhador ideal para atender aos princípios da administração científica no taylorismo. Um trabalhador que se predisponha a não reclamar do trabalho, que esteja motivado sempre a atender as exigências do capital. Na busca por este trabalhador ideal foi que, Hugo Munstererg, doutor em psicologia da Universidade de Leipzig e seguidor de Taylor, publicou o livro *Psychology and Industrial efficiency*, onde elogia Taylor e propõe que o papel do psicólogo na indústria deve ser: (1) "Ajudar a encontrar os homens mais capacitados para o trabalho"; (2) "Definir as condições psicológicas mais favoráveis ao aumento da produção"; (3) "Produzir as influências desejadas, na mente humana, do interesse da administração" (MAXIMIANO,

2006, p.62).

Diante da proposição de Hugo Munstererg, observamos que o taylorismo buscava um tipo de trabalhador ideal, denominado por Taylor em sua obra *Shop Management*, de o homem de primeira classe, que "é altamente motivado e realiza seu trabalho sem desperdiçar tempo nem restringir sua produção" (MAXIMIANO, 2006, p.56), homem que pudesse se deixar ser influenciado a atender os interesses da administração, o qual basicamente era produzir o máximo possível, em menos tempo e a um custo menor. Então esse tipo ideal de trabalhador taylorista teria que se sujeitar aos princípios da administração cientifica sem questionar ou reclamar, jamais falhando para com os objetivos da administração, assim tendo a mente de um boi, como relata o próprio Taylor em sua citação:

> Ora, o único homem entre oito, capaz de fazer o trabalho, não tinha em nenhum sentido característica de superioridade sobre os outros. Apenas era um homem do tipo bovino – espécime difícil de encontrar e, assim, muito valorizado. Era tão estúpido quanto incapaz de realizar a maior parte dos trabalhos pesados. A seleção, então, não consistiu em achar homens extraordinários, mas simplesmente escolher entre homens comuns os poucos especialmente apropriados para o tipo de trabalho em vista. Ainda que neste grupo somente um entre oito fosse capaz de fazer o trabalho, não tivemos a menor dificuldade em conseguir todos os homens que necessitávamos – alguns na própria fábrica, outros em localidades vizinhas – perfeitamente adequados para o serviço. (TAYLOR, 1970, p.68 apud SILVA, 2009, p.194)

Conforme descrição acima citada por Taylor, o trabalhador perfeitamente adequado para os tipos de serviços realizados era o que não possuía uma qualificação muito aprimorada. Taylor utiliza termos como 'estúpido', 'incapaz' e 'comuns' para designar o tipo de trabalhador que seria ideal para realizar tarefas nas indústrias onde se aplicava a administração científica. Taylor descreve também que este tipo de trabalhador ideal, tipo bovino, ou seja, 'estúpido' a ponto de não saber o que está fazendo e porque está fazendo, assim não tendo do que reclamar, era o trabalhador valorizado. O trabalhador tipo bovino não poderia pensar acerca do processo de produção, pois "toda atividade cerebral deve ser removida da fábrica e centralizada no departamento de planejamento, propunha Taylor" (MAXIMIANO, 2006, p. 57).

Taylor ao fazer apologia a um boi para descrever o trabalhador ideal, estava diferenciando a capacidade de trabalho superior do ser humano da capacidade inferior do trabalho do animal, sendo o homem o que concebe e o animal o que executa, assim o trabalhador não poderia ter o lado da concepção, somente o lado animal da execução.

Diante do princípio da separação de concepção e execução, utilizado no taylorismo, verifica-se que não se exigia nem um tipo de qualificação do trabalhador, existindo assim, uma grande oferta de trabalhadores desqualificados que poderiam ser úteis, o que levou Taylor a afirmar, que não tinha dificuldade para conseguir os trabalhadores que necessitava para a produção, sendo assim:

Não é a melhor maneira de trabalhar em geral o que Taylor buscava, como Friedman parece presumir, mas uma resposta ao problema especifico de como controlar melhor o trabalho alienado – isto é, a força de trabalho comprada e vendida (BRAVERMAN, 2012, p.85-86)

1.1.1. FORDISMO E O CONTROLE DO TRABALHO ALIENADO

O taylorismo e o fordismo foram sistemas de produção que se desenvolveram ao longo da história, tendo o fordismo sido criado como uma tentativa de se inovar o taylorismo, buscando vencer os seus pontos fracos que faziam os trabalhadores insatisfeitos, provocando uma crise entre a relação capital e força de trabalho, como podemos ver no relato de Taylor para a Comissão Especial da Câmara de Representantes dos Estados Unidos:

Logo que me tornei chefe da turma, os homens que trabalhavam comigo e que, naturalmente, sabiam que eu estava no jogo do marca-passo e deliberadamente restringido a produção, vieram a mim de repente e disseram: 'Fred, agora você não vai ser um porco maldito contra nós, vai?'

Disse-lhes então:' Se vocês querem dizer que receiam de que vou tirar maior produção desses tornos, sim; proponho-me a aumentar a produção'. E disse:' Vocês devem lembrar que estive com vocês como companheiros até agora e que trabalhei como vocês. Não fugi a regra. Estive do lado de vocês. Mas agora aceitei a função de gerência nessa companhia, e estou do outro lado. Vou dizer-lhes francamente que pretendo obter uma produção maior desses tornos'. Eles responderam: 'Então você vai mesmo ser um porco danado'.

Eu disse: 'Bem, se vocês acham desse modo, muito bem.' Eles disseram: 'Advertimos você, Fred, se você tentar mudar esse negócio, botamos você para fora em seis semanas.' Disse-lhes: 'Está muito bem, só digo a vocês, com toda franqueza, que vou tentar tirar uma produção maior desses tornos.'

Ora, aquilo era o início de uma briga que ia durar quase três anos, se me lembro bem – dois ou três anos -, nos quais eu fazia tudo a meu alcance para aumentar a produção da oficina, enquanto os homens estavam firmemente determinados de que a produção não devia ser aumentada. Qual pessoa que tenha estado numa briga dessas conhece e teme as ameaças e as dores de cabeça que aparecem. Acredito que se eu fosse mais velho – um homem com mais experiência – não teria entrado talvez assim na luta, deliberadamente tentando forçar os homens a alguma coisa que eles não pretendiam fazer. (BRAVERMAN, 2012, p.88)

O relato de Taylor demonstra a insatisfação dos trabalhadores, por serem forçados a fazerem algo que não pretendiam fazer, por produzirem mais com a administração científica, e por verem que Taylor agora era contra a restrição à produção, e ao jogo do marca-passo, ainda que outrora fizesse parte desse jogo. A expressão marca-passo utilizada por Taylor designava a moleza, ritmo lento imposto pelos trabalhadores, restringindo assim a produção. Taylor dividiu em duas categorias o marca-passo: marca-passo natural e sistemático. O marca-passo natural exprimia um desejo natural do homem de relaxar o trabalho enquanto que o marca-passo sistemático, o qual Taylor dava mais atenção, era um relaxamento por parte do trabalhador, que advinha da interação e relação com outros trabalhadores, uma barganha, um efeito geral propositado e articulado. As greves e revoltas generalizadas advinham do marca-passo sistemático, por isso a maior importância dada por Taylor a esse marca-passo, que como ex-operário, era bem conhecido por ele. Esse marca-passo, natural e sistemático, foi um dos principais problemas do taylorismo, o qual tentou-se resolver, com o estudo sistemático de tempos e movimentos.

O fordismo veio a superar as ineficiências do regime taylorista que causava com a sua busca pela eficiência, produzir o máximo possível, em menos tempo possível e ao menor custo possível, insatisfação nos operários, que agora com os estudos dos tempos e movimentos desenvolvidos por Taylor, observavam a produtividade da sua força de trabalho aumentando, sendo que seus salários não aumentavam na mesma proporção.

Taylor com os estudos de tempos e movimentos descobriu que a produtividade não dependia somente da força humana, mas também da habilidade que o operário tinha para realizar movimentos corretos, que evitassem um maior desgaste físico e maior perca de tempo na execução da tarefa. Em suma, Taylor descobriu que para todo trabalho existe uma melhor forma de execução, que propicie com que o trabalhador use menos energia do seu corpo para que a tarefa seja concluída. Assim sendo, o trabalhador que produzia pouco, em muito tempo, gastando mais energia por executar movimentos errados e desnecessários, agora estava produzindo mais, em menos tempo, gastando até menos que a mesma energia que outrora despedia. Utilizando-se do argumento, de que a produtividade aumentara, mas a energia gasta pelo trabalhador era a mesma, Taylor preconizava que não havia a necessidade de aumentar os salários de forma proporcional à produtividade, isso demonstra claramente que a sobrevivência dos donos do capital depende da mais-valia produzida. E era justamente essa uma das maiores críticas dos trabalhadores no taylorismo, os quais alegavam que "a Administração Científica nada mais era do que uma técnica para fazer o operário trabalhar mais e ganhar menos." (MAXIMIANO, 2006, p. 62)

Diante das insatisfações dos trabalhadores quanto à administração científica e principalmente os salários, Taylor foi convocado para fazer um depoimento no congresso americano, onde um dos congressistas demonstrou que a técnica dos tempos e movimentos aplicada por Gilbreth, um dos seguidores de Taylor, teria aumentado a eficiência do pedreiro em 300%, mas seu salário havia crescido apenas 30%. Diante de tal argumentação, Taylor concordou com os fatos expostos, entretanto, afirmou que o crescimento de 30% nos salários era justo, pois o operário estava gastando 1/3 da energia que gastava antes da introdução da técnica dos tempos e movimentos, ou seja, o trabalhador ganhou 1/3 a mais por apenas 1/3 do seu esforço (MAXIMIANO, 2006). Um dos fatores que levaram o taylorismo a entrar em crise, foi justamente a insatisfação dos trabalhadores quanto aos seus salários, que não aumentavam ao passo que observavam sua produção aumentando, como expõe Castel (2009, p. 429):

> O trabalhador é essencialmente concebido, pelo menos na ideologia patronal, como um produtor máximo e um consumidor mínimo: deve produzir o máximo possível, mas as margens de lucro que resultam de seu trabalho são mais importantes à proporção que seu salário é mais baixo.

Diante desse contexto, o fordismo tenta superar tais falhas do taylorismo. Como observado por Gramsci (2010), o fordismo veio a trazer uma falsa satisfação nos trabalhadores com a implantação do *Five dollars day*, que foi um programa que reduziu a carga horária de trabalho de 9 para 8 horas, estabelecendo 5 dias de trabalho por semana, aumentando de $ 2,34 dólares para $ 5,00 dólares a remuneração diária do trabalhador, o que denominou-se de salário mínimo diário do trabalhador.

Castel (2009, p.431) explica, que Ford foi o primeiro a pôr em prática a relação entre produção em massa e consumo em massa, citando a sua fala: "a fixação do salário da jornada de 8 horas em cinco dólares foi uma das mais belas economias que já fiz na vida, mas elevando-o a seis dólares, fiz uma economia melhor ainda". A elevação dos salários introduzida por Ford foi planejada, tendo como objetivo, não promover uma melhor qualidade de vida para os trabalhadores ou simplesmente o recompensarem pelo dispêndio de energia provocado pelas suas forças de trabalho, mas:

> para a pacificação dos conflitos operários provenientes da implantação da linha de montagem tendo por base a redução das operações produtivas ao aspecto físico 'maquinal'. (GRAMSCI, 2010, p.17 – grifo do autor)

Agora os trabalhadores que se viam como máquinas produzindo mais em menos tempo com a inserção do regime taylorista proveniente dos estudos dos tempos e movimentos nas fábricas, tinham a linha de montagem móvel desenvolvida por Henry Ford, que visava uma produção em massa. No fordismo, ainda que o salário aumentasse em relação à era taylorista, o trabalhador continuara efetivando movimentos repetitivos, já que ficara mais especializado somente em uma tarefa, entretanto:

> O fordismo soube combinar processos de trabalho taylorizados, altos salários, benefícios limitados à 'aristocracia operária' com a intervenção por parte dos gerentes nas vidas privadas dos trabalhadores, para criar certas práticas individuais e coletivas consistentes com a produção em série. (GRAMSCI, 2010, p.16 – grifo do autor)

Estratégias como, aumento dos salários, benefícios e valorização da aristocracia operária fez com que a insatisfação dos trabalhadores se tornasse uma não insatisfação, alienando assim os trabalhadores. Segundo, Michel Aglietta (1976 *apud* GRAMSCI, 2010, p.18) a superação do taylorismo pelo fordismo se deu através "da passagem de um modelo de organização do trabalho para um regime de acumulação que supõe a regulação salarial como eixo da dinâmica macroeconômica". O que Gramsci (2010) denomina de regulação salarial, Castel (2009) denomina de relação salarial fordista, segundo os critérios propostos pela escola de regulação, como:

> Um modo de remuneração da força de trabalho, o salário – que comanda amplamente o modo de consumo e o modo de vida dos operários e de sua família -, uma forma da disciplina do trabalho que regulamenta o ritmo da produção, e o quadro legal que estrutura a relação de trabalho, isto é, o contrato de trabalho e as disposições que o cercam. (CASTEL, 2009, p. 419)

Gramsci (2010) e Castel (2009) expõem que o fordismo deixa de ser simplesmente um modelo de organização do trabalho, ou seja, um sistema de produção para ser um regime de acumulação do capital, e que a principal estratégia efetivada para se proporcionar o desenvolvimento do capital, ou seja, a sua acumulação, foi a relação ou regulação salarial fordista. Castel (2009) coloca que a passagem da relação salarial taylorista para a relação salarial fordista foi propiciada por cinco condições:

(1) uma nítida separação entre os que trabalham efetiva e regularmente e os inativos ou os semiativos que devem ser ou excluídos do mercado do trabalho ou integrados sob formas regulamentadas. (CASTEL, 2009, p.420)

(2) a fixação do trabalhador em seu posto de trabalho e a racionalização do processo de trabalho no quadro de uma 'gestão do tempo exata, recortada, regulamentada'. (*Ibidem*, p.425 – grifo do autor)

(3) o acesso por intermédio do salário a 'novas normas de consumos operários', através do que o próprio operário se torna usuário da produção de massa. (*Ibidem*, p.429 – grifo do autor)

(4) o acesso à propriedade social e aos serviços públicos – o trabalhador é também um sujeito social suscetível de participar do estoque de bens comuns, não comerciais, disponíveis na sociedade. (*Ibidem*, p.432)

(5) a inscrição em um direito do trabalho que reconhece o trabalhador como membro de um coletivo dotado de um estatuto social além da dimensão puramente individual do contrato de trabalho. (*Ibidem*, p.434)

O desenvolvimento ou acumulação do capital se dá de forma mais intensiva com a inserção das ideias fordistas na indústria, que agora descobriu a grande forma de usar a força de trabalho, sem que a mesma fique insatisfeita, ou demonstre tal insatisfação através de greves, protestos e lutas de operários, por intermédio da relação salarial, apaziguando assim, a luta de classes, como coloca Farias (2001b, p.89-90):

> a modernidade em vigor relaciona-se com a passagem da 'sociedade capitalista' para a 'sociedade salarial', num raciocínio em que o papel central da relação salarial não corresponde à identificação da luta de classes como o motor da história (...) o motor do regime de crescimento e de socialização na sociedade salarial não seria mais a luta de classes, como na sociedade capitalista, mas a técnica.

Farias (2001b, p.90) define a sociedade salarial do regime fordista e a técnica como seu motor, com o quadro a seguir:

Figura 1 - Os fins da sociedade salarial do regime fordista.

ATIVIDADES	"Práticas de Normalização"			FINS
	Estatais e contratuais	Relações Sociais	Progresso Social	
	Científicas e Tecnológicas	Mutações Técnicas	Progresso Técnico	
	Capitalistas e Salariais	Produção dos Objetos	Progresso Material	
	"Funcionamentos Locais"			

Fonte: (FARIAS, 2001b, p.90)

O progresso técnico oriundo da implantação da técnica da linha de montagem móvel por Ford, trouxe um aumento na produtividade, que resultou na produção em massa de objetos (progresso material), trazendo assim, uma relação apaziguada entre capitalistas e assalariados, pois o fruto da produção em massa foi emprego e renda (progresso social), que proporcionou poder de compra aos assalariados, levando assim, ao Progresso Social por intermédio da normalização das relações sociais pelos aparelhos estatais e contratuais, como preconiza Farias (2001b, p.22) a respeito da relação salarial do regime fordista de acumulação:

> Em geral, nas análises econômicas e políticas da escola da regulação não existe regime fordista de acumulação intensiva sem evolução paralela tanto do poder de compra quanto da rentabilidade. Isto é garantido por uma relação salarial capaz de tornar possível a harmonia entre assalariados e empresário, mas que tem por premissa uma regulação, realizada por intermédio de um sistema de instituições estatais e contratuais.

O aumento da renda do trabalhador através da transferência de parte dos ganhos da produtividade para os seus salários, mostrada aos trabalhadores como uma forma de recompensá-los por seus esforços, por alcançarem as metas, incutindo na mente dos operários que isso é o desenvolvimento de uma administração participativa, onde os então agora nomeados colaboradores, possuem direitos também a lucrar juntamente com os donos de produção, fez com que a insatisfação dos trabalhadores se transformasse em uma não insatisfação. Assim sendo, o fato de os trabalhadores parecerem pequenos sócios da empresa, trouxe certo conformismo à classe operária, fazendo com que a mesma se moldasse ao mercado e aos métodos do capital. Esse novo modelo de gestão veio a culminar com a teoria dos dois fatores, assim preconizada por **Frederick Irving Herzberg em que** aborda quais fatores trariam satisfação e motivação para os trabalhadores. A resposta de tal teoria é que existem fatores higiênicos e fatores motivacionais, sendo que os fatores higiênicos seriam os correlacionados ao ambiente de trabalho, a fatores que fazem parte da cultura da empresa, que servem para ajustar o trabalhador ao ambiente de trabalho e suas tarefas, tais como, os salários e os benefícios. Já os fatores motivacionais, dizem respeito ao trabalhador, tais como reconhecimento de seu trabalho e crescimento profissional. Segundo a teoria dos dois fatores, o fator higiênico, ou seja, o aumento nos salários, só serviria para evitar com que o trabalhador ficasse não insatisfeito, mas jamais o levaria à satisfação, enquanto que esta, só poderia ser alcançada pelo fator motivacional, como coloca Herzberg em sua proposição:

> As conclusões desses estudos sugerem que os fatores relacionados com a satisfação e a insatisfação no trabalho são diferentes entre si. O oposto de satisfação não é insatisfação, mas não-satisfação; o oposto de insatisfação não é satisfação, mas não-insatisfação." (MAXIMIANO, 2006, p.269)

O fordismo adotou o fator higiênico para apaziguar o descontentamento provocado pelo taylorismo nos trabalhadores, aumentando os seus salários, e conseguindo com isso, somente torná-los não insatisfeitos. Para torná-los satisfeitos seria necessário fazer com que os mesmos se sentissem parte da empresa, e fossem reconhecidos pelo seu trabalho e desempenho, que tivessem autoestima e autorrealização, sendo estas duas últimas preconizados por Maslow, como duas necessidades que estariam no topo da pirâmide das necessidades humanas, que trariam o maior grau de satisfação ao homem (MAXIMIANO, 2006). O fator motivacional também se configura em uma estratégia para manter os trabalhadores conformados com a servidão ao capital. É partindo dessa observação, que as empresas do século XXI se utilizam de ferramentas, tais como, ser o vendedor do mês, ser o melhor profissional da empresa no ano, ter uma foto de destaque nos murais da empresa, ser homenageado por ter alcançado as metas, como forma de promover a competitividade dentro da própria empresa entre os trabalhadores, para que os mesmos se motivem a trazer lucros para a empresa. Essa cultura enraizada nas empresas atuais, surge como estratégia para vencer as falhas do taylorismo e fordismo, inaugurando assim, o que fora denominado de toyotismo, que é uma ferramenta poderosa de alienação e opressão do trabalhador, colocando-o no nível de mercadoria, como coloca Marx (1983, p.111):

> O trabalhador torna-se tanto mais pobre quanto mais riqueza produz, quanto mais a sua produção aumenta em poder e extensão. O trabalhador torna-se uma mercadoria tanto mais barata, quanto maior número de bens produz. Com a valorização do

mundo das coisas, aumenta em proporção direta a desvalorização do mundo dos homens. O trabalho não produz apenas mercadorias; produz-se também a si mesmo e ao trabalhador como uma mercadoria, e justamente na mesma proporção com que produz bens.

A busca desenfreada por alcançar as metas preconizadas pelos donos do capital faz do trabalhador uma mercadoria cada vez mais barata, já que o mesmo, se contenta em ganhar pouco mesmo superando limites extremos e trazendo lucros, fazendo então, que não haja interesse por parte dos donos do capital em aumentar o salário dos trabalhadores. Manter o trabalhador motivado, quer dizer, alienado, é uma estratégia para manter a reprodução do trabalho que é a produção de mais-valia, que sendo reinvestida pelos donos do capital se transforma em capital, ou seja, o trabalho não produz somente mercadorias, mas produz também o capital. Sendo assim, motivar o trabalhador através do prestigio e da exaltação do seu ego, por ter alcançado as metas, é uma ferramenta para manter a constante reprodução do capital, sujeitando o trabalhador aos moldes do mercado, o tornando uma mercadoria.

Sendo assim, o crescimento profissional e o reconhecimento do trabalho, preconizados como formas de se alcançar a satisfação do trabalhador pela teoria dos dois fatores de Herzberg, na verdade são ferramentas utilizadas para alienar o trabalhador, moldando-o de forma conformada, a ditadura do capital. Tais ferramentas, o crescimento profissional e o reconhecimento do trabalho, passaram a advir do grau de educação alcançado pelo trabalhador, surgindo assim, a palavra qualificação em um novo sentido.

1.1.2. QUALIFICAÇÃO DO TRABALHADOR NO TAYLORISMO E FORDISMO

Gramsci (2010) faz uma reflexão sobre algumas profissões que no passado foram tidas como as mais intelectuais, das quais cita como exemplo, os datilógrafos, afirmando que para tal profissão, o processo de adaptação do trabalhador é mais difícil do que em outras, pois "é difícil reunir a máxima qualificação profissional, que demanda da parte do operário esquecer ou não refletir sobre o conteúdo intelectual do escrito que reproduz" (GRAMSCI, 2010, p.76).

No taylorismo e fordismo, observamos a preocupação dos donos do capital, os industriais, em mecanizar os operários para que os mesmos não refletissem a respeito do que estavam fazendo, ou por que estavam produzindo e qual seria a consequência de sua produção, para que os mesmos não se revoltassem com a exploração econômica que sofreram, ao perceber que o fruto da sua força de trabalho rende ao dono do capital muito mais do que lhes é oferecido como salário.

Aos donos do capital cabe então, evitar o desenvolvimento intelectual do operário, fazendo com que o mesmo, cada vez mecanize-se, especializando-se em sua função, ou seja, qualificando-se. Como afirma Gramsci (2010, p.76) a respeito do operário, "a sua qualificação é medida exatamente pelo seu desinteresse intelectual, ou seja, pelo mecanizar-se". Quanto mais mecânico e prático é um trabalhador na função que executa, mais qualificado está para desempenhar tal função, pois com a repetição dos movimentos efetivados pelo operário, o mesmo vai se tornando mecânico, realizando os movimentos de forma automática, sem processar pensamentos para que os mesmos sejam efetivados, achando assim, de forma inconsciente, uma maneira mais prática e menos desgastante de realizar uma atividade, executando mais rapidamente sua tarefa, uma consequência dos estudos dos tempos e movimentos de Taylor, como afirmou Ford, "a maioria dos homens que se apresentam em nossa fábrica não possuem especialidade nenhuma e em horas ou dias aprendem o seu ofício". (FORD, 1926 *apud* SILVA, 2009, p, 195).

Observa-se assim, que não necessitava o trabalhador possuir especialidade, ou qualificação no sentido de ter conhecimento específico sobre sua função ou ofício a ser desempenhado, já que todo trabalho podia se aprender em horas ou dias, por ser um processo mecânico. Martins (2007, p. 346) afirma que o taylorismo-fordismo criava uma organização da não aprendizagem, ou seja, uma organização onde a qualificação se media pelo desinteresse intelectual:

Por isso, o interesse dos industriais em terem uma mão de obra qualificada, ou seja, segundo o conceito de Gramsci, uma mão de obra que possua desinteresse intelectual, de forma a proporcionar a alienação dos operários, incutindo na mente da massa de desempregados, o que Marx chamara de Exército Industrial de Reserva - EIR, que sem qualificação, ou seja, sem se moldar às exigências do capital, fazendo o seu ofício de forma mecânica, sem buscar conhecimentos acerca do processo de produção e sem reclamar das condições oferecidas, tais desempregados não conseguiriam emprego.

Então surge a necessidade de promover iniciativas educativas para qualificar não só os operários, mas também a massa de desempregados, fazendo assim, com que mediante a lei da demanda e da oferta, com muita oferta de mão de obra qualificada no mercado de trabalho e pouca demanda de emprego por parte das indústrias, o salário dos trabalhadores se mantenha baixo e a mais-valia dos donos de capital alta.

Ainda que o fordismo tenha promovido um aumento nos salários, tal aumento não pagava a qualificação que era exigida, tendo como conceito de qualificação no taylorismo e fordismo, a mecanização do trabalhador em sua forma de consumo da sua força de trabalho:

> A indústria de Ford exige uma discriminação, uma qualificação, de seus operários, que as outras indústrias ainda não requisitam. Um tipo de qualificação de novo gênero, uma forma de consumo da força de trabalho e uma quantidade de força consumida pelo próprio tempo médio que são mais opressoras e mais extenuantes que em outros lugares, e que o salário não consegue compensar, nas condições dadas pela sociedade tal como está." (GRAMSCI, 2010, p.80)

Como expõe Gramsci acima, a Indústria de Ford, ou seja, o fordismo como sistema de produção exigia um "tipo de qualificação de novo gênero", uma qualificação superior à exigida no taylorismo. Observa-se assim, que a qualificação foi assumindo diversas formas conforme ia modificando-se o sistema de produção, sendo no taylorismo-fordismo o operário considerado qualificado, quando o mesmo tinha o desinteresse intelectual, uma não-aprendizagem dos processos, como um boi, burro ou jumento, onde é colocada uma viseira ou tapa olhos para que o animal não olhe para os lados e mantenha o foco somente no que está a sua frente. Assim era a qualificação desejada para o trabalhador no taylorismo-fordismo, que ele fosse semelhante a um boi, burro ou jumento com tapa-olhos, animais estes cujos nomes são usados para conotar pessoas sem proatividade, que não possuem uma visão holística, e que podem facilmente ser alienadas, pois o foco está somente no trabalho que tem que executar e não na consequência do mesmo, e no saber.

1.2. FORDISMO COMO REGIME DE ACUMULAÇÃO DO CAPITAL E O PLENO EMPREGO

O fordismo nasce como um mecanismo mundial de acumulação do capital: "Taylorismo - como modelo de organização do trabalho – e com o Fordismo – como mecanismo global de acumulação do capital." (GRAMSCI, 2010, p.12-13) O fordismo, regime de acumulação do capital, inicia-se nos anos 1910 e se estende até o final dos anos 1960 (TENÓRIO, 2011). Durante esse período, o fordismo foi sustentado por políticas efetivadas pelo Estado que garantiram a sua hegemonia e consequentemente a do capital, até chegar a década de 70 onde eclodiu a crise mundial do capital, principalmente por intermédio da crise mundial do petróleo, havendo assim, a promoção de uma reestruturação produtiva como forma de superar tal situação. No Brasil, entretanto, segundo Pochmann (2004, p.7) foi após a crise de 1930 que o Brasil passa do modelo econômico agrário-exportador "para a consagração de uma nova estrutura produtiva nacional (de base industrial), necessária à conformação do sistema de proteção social no Brasil". Essa mudança do enfoque do setor primário (agrário-exportador) para o setor secundário (industrial) é que configura a entrada do Brasil no regime fordista de acumulação do capital, que no caso brasileiro denominamos de fordismo periférico, e consequentemente, a estruturação do sistema de proteção social. Denominamos de fordismo periférico, o fordismo brasileiro, haja vista, que "muitos dos sistemas padronizados de produção construídos sob o fordismo foram, por essa razão, transferidos para a periferia, criando o 'fordismo periférico'," (HARVEY, 2010, p. 174), ou seja, o fordismo periférico nasce como uma estratégia de acumulação do capital, onde o capital coorporativo de regiões de altos salários, são transferidas para a periferia, regiões de baixos salários.

O desenvolvimento da industrialização com o fordismo e os problemas sociais gerados em torno desse desenvolvimento, são os motivos que propiciaram o desencadear das políticas keneysianas do Estado de Bem-Estar Social que é denominado em inglês de *Welfare State* e do Pleno Emprego. Alves (2005, p.7) argumenta que "o próprio compromisso fordista implicava a constituição de um modo de desenvolvimento, de base keynesiana, capaz de sustentar tal racionalização inconclusa na produção do capital." Sendo assim, percebe-se que o Estado de Bem-Estar Social advém como consequência do sistema de produção taylorista-fordista e do seu regime de acumulação do capital, como deixa bem claro Pochmann (2004, p. 5) ao preconizar que "o processo de industrialização constitui uma das primeiras condicionalidades estruturais para a emergência do Estado de Bem-Estar Social".

Para adentrarmos no debate acerca do *Welfare State* ou Estado de Bem-Estar Social (pleno emprego) e sua ligação com o fordismo, primeiramente vamos entender o que seria o Estado de Bem-Estar Social. Inicialmente, voltemo-nos para os estudos de Adam Smith, intitulado 'Pai da economia moderna', partindo dos argumentos defendidos em seu livro, *A riqueza das nações*, publicado em 1776, e principalmente de sua famosa citação feita nesse livro: "(...) cada indivíduo (...) não tenciona promover o interesse público, nem sabe até que ponto o está promovendo (...) ele tem em vista apenas a sua própria segurança; e orientando sua atividade de tal maneira que sua produção possa ser de maior valor, visa apenas o seu próprio ganho e, neste, como em muitos outros casos, é levado como que por mão invisível a promover um objetivo que não fazia parte de suas intenções." (SMITH, 1983, p. 379)

Adam Smith apregoava que deveria haver liberdade para a iniciativa privada, ou seja, não deveria existir nenhuma intervenção do Estado, pois o interesse individual, egoísta de cada iniciativa privada promoveria através de uma mão invisível o bem-estar da sociedade. Sob nenhuma regulação do estado, de forma livre, a competição entre as iniciativas privadas levaria à redução dos preços das mercadorias, e no intento de baixar os custos de produção, a inovações tecnológicas. De forma simplificada a liberdade preconizada por Adam Smith, o mercado como autorregulador, seria o que promoveria a riqueza das nações e o bem-estar da sociedade.

Cada indivíduo, buscando o seu próprio interesse, de forma indireta, como que levado por uma mão invisível, acaba a promover algo que não era a sua intenção, o bem-estar da sociedade, com isso, afirma Adam Smith, o indivíduo livre, "necessariamente se esforça para aumentar ao máximo possível à renda anual da Sociedade" (TEIXEIRA e OLIVEIRA, 1988, p.208). É partindo desse princípio que Adam Smith conclui que a ausência total de regulação do Estado no que tange à coordenar as diversas atividades dos indivíduos (mercado), levaria a riqueza das nações, o que se atrela também dentro da visão teórica de Adam Smith à felicidade dos seus componentes. Em concordância com Adam Smith, John Locke, já tinha antecipado em quase um século em outras palavras, o princípio da mão invisível de Adam Smith ao preconizar que:

> A divisão social do trabalho, engendrada pela própria necessidade dos indivíduos de intercambiarem os produtos dos seus trabalhos independentes, como o lugar a partir do qual os homens criam laços entre ele e, assim, regras e normas de convivência social. (TEIXEIRA e OLIVEIRA, 1988, p.202)

Para Locke "o mercado se apresenta como uma instância originária de socialização, que cria normas e regras de convivência social, que aparecem como direitos naturais" (TEIXEIRA e OLIVEIRA, 1988, p.202), taxando a divisão social do trabalho, a liberdade de mercado e o individualismo como o que promoveria desenvolvimento a uma nação. Tais autores defendiam o que até então era dominado de liberalismo.

O Estado de Bem-Estar Social nasce com o abandono das ideias liberais de Adam Smith, como coloca Pochmann (2004, p.4) afirmando que "a emergência do Estado de Bem-Estar Social está fundamentalmente vinculada ao abandono da concepção liberal clássica, originalmente consagrada por Adam Smith, em 1776, no seu livro 'A riqueza das nações.'" (Grifo do autor).

A primeira fase do Estado do Bem-Estar Social tem o início do seu desenvolvimento nos anos 1910, estendendo-se segundo Alliez (1988 *apud* FRIGOTTO, 2003) até 1930 com a grande depressão. Segundo Frigotto (2003, p.70), essa primeira fase do Estado do Bem-Estar Social é marcada por características, tais como: "grandes fábricas, decomposição de tarefas na perspectiva taylorista, mão de obra pouco qualificada, gerência científica do trabalho, separação crescente entre a concepção e a execução do trabalho, etc."

É a partir de 1929, com a grande depressão, que as ideias liberais de Adam Smith passam a serem veementemente questionadas. Com o término da Primeira Guerra Mundial em 1918, os Estados Unidos da América era o país mais rico do mundo, tendo uma forte indústria automobilística (fordismo). Nos anos seguintes, a economia dos Estados Unidos da América - EUA continuaria crescendo de forma que atraíra o interesse de vários investimentos, sendo visto pelo mundo como um lugar bom para se viver, culminando na famosa expressão *American Way of Life*, modo de vida americano. Assim nos anos 20, o consumo aumentou e a produção também, levando à valorização das ações, o que ficou conhecido como "Grande Boom", entretanto, o interesse individual de prosperar levou os americanos a comprarem diversas ações, o que propiciou a quebra da bolsa de valores de Nova York com a queda drástica do valor das ações.

Algumas das alegações colocadas como a causa da crise de 1929, recaem, dentre outros fatores, sobre a quebra da bolsa de valores de Nova York, sobre a superprodução agrícola e o livre mercado. A superprodução agrícola foi um grande excedente principalmente de trigo que não achava demanda, o que viria a contradizer a Lei de Say, toda oferta cria sua própria demanda, difundida mais expressamente em 1814 por Say, tendo já Adam Smith usado a ideia básica da referida lei. Frigotto (2003, p. 70) argumenta que a crise de 1929 "é uma crise de superprodução e, portanto, uma ameaça de asfixiamento do sistema que não consegue realizar as mercadorias produzidas." Além disso, a forma como o mercado se autorregulou nos Estados Unidos, não tendo intervenção do Estado na criação de uma política que pudesse regular a venda e compra de ações, bem como os seus preços, foi o que propiciou a quebra da bolsa de valores de Nova York. Mediante tais fatores às ideias de Adam Smith e John Locke, caíram em descrédito, ou seja, o liberalismo caiu em descrédito.

Com a crise de 1929, há um desemprego em massa, e as regras relacionadas aos salários supunha "um controle do mercado de trabalho que o capital não tinha condições de assegurar diretamente no início dos anos 1930" (BRUNHOFF, 1985, p76). Sendo assim, seria necessária a intervenção do Estado para superar tal crise que o mercado seria incapaz de sozinho superar.

Como forma de contornar a grande depressão ou crise de 1929, foi que Roosevelt, em seu governo, que iniciara em 1933, criou um plano denominado, *New Deal*, que interveio no mercado, fiscalizando as especulações na bolsa de valores, criando empresas estatais que aumentaram a produção e o emprego, criando leis que favoreciam os trabalhadores e desempregados, e tratando da superprodução, comprando e queimando o estoque. Dessa forma, o governo de Roosevelt adotou um modelo diferente do liberal de Adam Smith e John Locke, servindo de base para a formulação da teoria Keynesiana.

Com base no *New Deal* de Roosevelt, Keynes publicou em 1936, a obra *The General Theory of Employment, Interest and Money* (Teoria Geral do Emprego, do Juro e da Moeda), que criticou a teoria liberal de que os mercados competitivos, livres da intervenção do Estado, irão, a longo prazo, propiciar o pleno emprego, o estado natural da economia monetária, alegando que pelo contrário o estado natural seria o subemprego se não existisse uma intervenção do Estado.

Essa ideia a qual Keynes criticou, era a teoria econômica denominada, monetarista, a qual era defendida principalmente por Milton Friedman, que criticou o plano do *New Deal* de Roosevelt, ao afirmar que tal política prolongara ainda mais a depressão, ainda fazendo contrapontos no que tange às políticas sociais que defendiam os empregados e desempregados, a exemplo, do salário mínimo, que não conseguiria aumentar o valor real da renda, excluindo assim, a mão de obra desqualificada do mercado de trabalho, e aumentando ainda mais a pobreza.

A Segunda Fase do Estado de Bem-Estar Social nasce com as teses keynesianas, que segundo Frigotto (2003, p. 70) "postulam a intervenção do Estado na economia como forma de evitar o colapso total do sistema". Logo após o lançamento das ideias de Keynes em 1936, houve a eclosão do início da Segunda Guerra Mundial em 1939 que duraria até 1945. É após a Segunda Guerra Mundial que a ideia de Estado de Bem-Estar Social ganha força e que o regime social-democrata se apresenta como uma alternativa de regime político contra o capitalismo selvagem, ou seja, contra a autoregulação do mercado (FRIGOTTO, 2003). Enquanto isso, na Inglaterra, em 1942, foi formulado um plano a partir do Relatório Beveridge, onde o governo britânico após obtenção da vitória na Segunda Guerra Mundial deveria fomentar uma política econômica de ampla distribuição de renda, que se daria com base no tripé: educação, seguro nacional e serviço nacional de saúde.

Segundo Esping-Andersen (1990) e Mishra (1990 *apud* FIORI,1997, p.132) há "a existência de uma ruptura qualitativa entre as políticas sociais anteriores à Segunda Guerra Mundial e o que veio a ser, a partir do Plano Beveridge, o *welfare state* contemporâneo". Sendo assim, denominamos de terceira fase do Estado de Bem-Estar Social, a implantação das políticas sociais com base no Relatório Beveridge até a crise fordista do Estado do Bem-Estar Social.

Em 1944, ao mesmo passo que Hayek, um dos

precursores do que viria a ser denominado de neoliberalismo, e pai do liberalismo econômico, publica o seu *best-seller, O Caminho da Servidão*, onde expunha ser contra o Estado de Bem-Estar Social, também é criado o acordo de *Bretton Woods*, em que vários países estabeleceram regras de intervenção na economia mundial. Diferente do que aconteceu na Inglaterra com o Relatório Beveridge, onde políticas econômicas foram criadas para intervir localmente na Inglaterra, agora com os acordos de *Bretton Woods*, a intervenção era na economia mundial, o que propiciou a criação posterior de órgãos como o FMI - Fundo Monetário Internacional, e o que foi denominado, a Era de Ouro, 30 anos seguintes aos acordos de *Bretton Woods* de rápido crescimento principalmente dos países europeus e do Japão através da adoção de políticas keynesianas e do que fora proposto pelos acordos de *Bretton Woods*.

A era de ouro, ou anos dourados se deu principalmente por meio de três fatores: o plano Marshall, o fordismo e a social-democracia. O plano Marshall foi fomentado em 1947, após o término da segunda guerra mundial em 1945, com o objetivo de financiar a reconstrução das economias abaladas pela guerra, fazendo assim com que renascesse a Europa, e o Japão tivesse o período de maior desenvolvimento na sua história, o período do pós-guerra que se estendeu até meados de 1960, quando a era de ouro chegara ao fim.

Esse grande desenvolvimento na história se deu, sobretudo, por intermédio do regime fordista de acumulação de capital. Henry Ford com a criação da linha de montagem móvel formulou um processo de produção em massa, abrindo a partir de 1945, após a segunda guerra mundial, um novo momento na história marcado pela produção e consumo em massa de bens industrializados, o que veio também a exigir uma nova relação entre capital e o trabalhador.

É a partir dessa exigência, que se apresenta de forma mais clara a social-democracia, que já tinha nascido a partir do desdobramento da crise dos anos 30. A própria realidade aponta que não poderia mais se utilizar a doutrina econômica liberal, promovendo liberdade total para o mercado. Agora após a crise de 1929 e da Segunda Guerra, o Estado adota outra postura, abandona sua posição de apenas observador da economia e facilitador do mercado, e passa agora a efetivar políticas que venham a salvar o sistema do capital que parecia estar chegando ao fim, atrelando a isso, também, o lado social, protegendo os trabalhadores, como afirma Arienti (2003, p.103):

> No período fordista, principalmente sob hegemonia política da social-democracia, a expansão da proteção social aos trabalhadores e aos cidadãos foi um dos elementos centrais do compromisso social fordista, o que foi garantido pelo Estado keynesiano e do bem-estar.

O Estado agora efetiva políticas voltadas para o mercado e para o social, sendo que do lado do mercado, o Estado passou a ajudar de forma direta no processo de acumulação do capital, o que propiciou os 30 anos gloriosos, e do lado social, o Estado passou a desenvolver políticas sociais que viessem a compensar os danos causados pela discriminação do mercado, ou seja, os danos causados pela autorregulação do mercado em sua busca desenfreada pela acumulação do capital. Assim sendo, o que se observa é uma relação estabelecida entre Estado e mercado.

Com o fordismo, a distribuição da riqueza gerada era feita por meio de acordos entre o capital e o trabalho, em vistas de se elevar a produtividade ao máximo, em busca de se ter do lado do capital, maiores lucros, e do lado dos trabalhadores, maiores salários. É nesse sentido que aparece o ator Estado, que como um mediador entre os acordos firmados entre o capital e os trabalhadores, tem seu poder legitimado através das políticas que beneficiavam por um lado o capital com os subsídios para a efetivação da acumulação e por outro lado os trabalhadores com políticas de Bem-Estar social, tais como: educação, saúde, seguro desemprego, dentre outras. É no final dos anos 60 que o regime de acumulação de capital fordista entra em crise, com a presença de fortes lutas operárias por salários reais, da inflação e da instabilidade financeira, principalmente após o fim dos 30 anos gloriosos, que se deram de 1930 a 1960, dando assim, início a uma busca por um processo de reestruturação produtiva em meio à crise fordista.

Todo esse cenário histórico do Estado de Bem-Estar Social pode se resumir através das "quatro grandes pilastras sobre as quais se assentaram a viabilidade e o sucesso do *welfare state* contemporâneos" (FIORI, 1997, p.134) e "às principais motivações que iluminaram o Estado de Bem-Estar Social, bem como o seu avanço ao longo do século XX" (POCHMANN, 2004, p.4). As quatro pilastras do *Welfare State* segundo Fiori (1997, p.134 – grifos do autor) são:

(1°) Constituída pelos fatores manifestados na forma: do paradigma fordista; do pleno emprego; das políticas Keynesianas e do exacerbado crescimento econômico;

(2°) "Constituída pelo 'ambiente' econômico global criado pelos acordos de Bretton Woods e abria espaço para uma conciliação ao desenvolvimento do *welfare* e a estabilidade da economia internacional"

(3°) Constituída "pelo 'clima' de solidariedade nacional que se instalou logo após a Segunda Guerra dentro dos países vencedores e vencidos, e, logo depois, pela solidariedade supranacional gerada pelo novo quadro geopolítico".

(4°) Constituída pelas democracias partidárias e de massa que permitiram que a concorrência eleitoral aumentasse o peso e a importância das reivindicações dos trabalhadores – e dos seus sindicatos (...)".

Segundo Pochmann (2004, p.4), o que motivou o avanço do Estado de Bem-Estar Social ao longo do século XX foi: Primeiro – o pós-liberalismo, caracterizado por um ambiente de proteção social voltado "somente para os mais fracos, justamente por serem incapazes de viver numa sociedade competitiva". Segundo – um viés de cunho corporativo, "que visou conceder a distinção da proteção social a determinadas categorias ocupacionais consagradas em decorrência de sua importância relativa no interior do mercado de trabalho". Terceiro – a socialdemocracia, que fez a redistribuição da renda a partir dos fundos públicos, "com tributação progressiva sobre os mais ricos e transferências destes fundos públicos para os mais pobres." Sendo assim, verifica-se que as medidas adotadas pelo Estado de Bem-Estar Social no Fordismo, fomentavam a busca pelo pleno emprego, que:

> (...) transformou-se no principal fundamento do processo de estruturação do mercado de trabalho organizado a partir do assalariamento, bem como possibilitou o acesso a um padrão relativamente homogêneo de bem estar, a partir das altas taxas de crescimento econômico entre o final da II Guerra Mundial e o fim da Guerra do Vietnã. (POCHMANN, 2004, p.6)

1.2.1. A EDUCAÇÃO PROFISSIONAL NO FORDISMO

O fordismo tinha como característica principal, a baixa qualificação dos trabalhadores, e a instabilidade no emprego, haja vista, que havia uma obsolescência do trabalhador, dado a fatores, principalmente, como doenças do trabalho, estágio de velhice precoce, baixa escolaridade, dentre outros. Como expõe Pochmann (2004, p. 5), "o emprego assalariado na indústria implicou inseguranças constantes diante do intenso ritmo de produção em grande escala e da introdução de novas tecnologias de gestão mais racional da mão de obra". As doenças advindas do ritmo de produção em larga escala, propiciaram aos empregados, um afastamento mais rápido dos postos de trabalho, levando muitos a ficarem inválidos e a não terem outra fonte de renda.

O fordismo sustentado por "subsídios e proteções governamentais, pelo emprego de mais trabalhadores do que o necessário" (CLARKE, 1991, p.126) veio a produzir o aumento das taxas de emprego, mas ao mesmo tempo o aumento do absenteísmo e do desemprego por invalidez. Frigotto (2003, p.60) afirma que "a problemática crucial de ordem político-econômica e social da crise dos anos 30 manifestava-se tanto no desemprego em massa, quanto na queda brutal das taxas de acumulação". Esse desemprego em massa dos anos 30, deveu-se à gerência no fordismo não estar preocupada com a qualidade do trabalho e de vida do trabalhador, mas em como promover ao trabalhador, condições para que o mesmo fosse induzido a cooperar com o sistema de produção fordista. Sendo assim, o foco da gerência, era em como solucionar problemas, tais como: "insatisfação expressa pelas elevadas taxas de abandono de emprego, absenteísmo, relutância ao ritmo de trabalho imposto, indiferença, negligência, restrições a produção, e hostilidade ostensiva à administração." (BRAVERMAN, 2012, p.125)

A insatisfação dos trabalhadores, atrelada às consequências advindas do ritmo desenfreado da produção em massa, causava o absenteísmo, o abandono do trabalho, fazendo com que houvesse um desemprego em massa não planejado, o que propiciava uma queda na produção e consequentemente, uma queda no acumulo do capital. Isso se dava, pois somente os salários não asseguravam um aprovisionamento suficiente de mão de obra disciplinada, pois a necessidade maior do trabalhador, era a sua segurança em todos os âmbitos, no seu trabalho e na sua vida.

Nesse contexto, o aumento do ritmo da produção, significava maior desgaste físico ao trabalhador, o que acarretava a necessidade de maiores gastos com a sua saúde e sua subsistência em geral. O trabalho, dessa forma, torna-se improdutivo para o trabalhador e produtivo para o capital, improdutivo para o trabalhador, pois o salário pago pelo capital acaba retornando para o capital, pois o trabalhador trabalha para suprir sua demanda de consumo de subsistência (comprar alimentação, remédios, vestuário, ferramentas de trabalho, etc.), como preconiza Castel (2009, p. 430):

> O único consumo legítimo para o trabalhador é reduzido ao que lhe é necessário para reproduzir decentemente sua força de trabalho e manter sua família no mesmo nível de mediocridade. A possibilidade de consumir mais deve ser proscrita, porque leva ao vício, à bebedeira, ao absenteísmo.

Esse consumo do salário do trabalhador, utilizado para suprir a sua subsistência, ou seja, para reproduzir a sua força de trabalho, é o que Marx chamou de consumo individual, entretanto, esse consumo individual será utilizado no que Marx chamou de consumo produtivo – "consumo de sua força de trabalho pelo capitalista que a comprou" (MARX, 1984, p.156), pois na produção, o trabalhador consome meios de produção. Sendo assim, "o consumo individual do trabalhador continua sendo, pois, um momento da produção e reprodução do capital, quer ocorra dentro, quer fora da oficina, fábrica, etc." (MARX, 1984, p.157). Ou seja, a insatisfação do trabalhador era oriunda da ausência de segurança em seu trabalho, pois o seu salário não lhe configurava um benefício em detrimento da sua força de trabalho oferecida, já que todo este salário era gasto com a manutenção necessária para que sua força de trabalho continuasse disponível ao capital, como argumenta Brunhoff (1985, p.10):

> Marx enumera os valores de uso indispensáveis à conservação e reprodução da força de trabalho operário: desde cestas de bens necessários para a alimentação, o vestuário e a habitação até as despesas de saúde e formação profissional, do mínimo fisiológico aos elementos socialmente determinados pela história.

Outro exemplo do trabalho improdutivo para o trabalhador e produtivo para o capital é uma forma habitual descrita por Brunhoff (1985) utilizada pelo trabalhador para manter o seu trabalho, quando o mesmo adoecia. O trabalhador doente ou sua família, apresentava um trabalhador substituto para ocupar o seu posto de trabalho, enquanto o mesmo, se recuperava com a intenção de retornar depois, de forma que o trabalhador substituto, trabalhava e quem recebia o salário inteiro, era o trabalhador que se afastou por motivo de doença, assim pagando ao trabalhador substituto uma parte do salário inteiro recebido, de forma que tivesse algo a guardar para si. Sendo que parte desse pouco que guardou para si, ainda teria que gastar com sua saúde e possivelmente guardar algo que lhe proporcionasse condições de sobreviver caso ficasse inválido ou impossibilitado a não mais voltar ao trabalho. Marx não condena o consumo individual voltado para o consumo produtivo, mas argumenta que o consumo individual deve ser voltado também para o seu próprio prazer. A atividade do trabalhador se torna improdutiva para ele, pois alimentará a indústria químico-farmacêutica ao comprar mais remédios por causa da saúde comprometida pelo grande desgaste físico-psíquico demandado na produtividade e pela falta de saneamento básico provocada pela produção desenfreada de lixo que polui o meio ambiente, entretanto, o trabalho é produtivo para o capital, pois produz mais-valia. "Apenas é produtivo o trabalhador que produz mais-valia para o capitalista ou serve à autovalorização do capital" (MARX, 1984, p.105). Sendo assim, o trabalhador desenvolve suas atividades laborais em função do sustento do capital.

> De fato: o consumo individual do trabalhador é para ele mesmo improdutivo, pois reproduz apenas o indivíduo necessitado; ele é produtivo para o capitalista e para o Estado, posto que produz a força produtora de riqueza alheia. (MARX, 1984, p.158)

Então o remédio encontrado pelo capital, para apaziguar a insatisfação e a insegurança do trabalhador no trabalho, que o levava a abandonar o seu posto, diminuindo a produtividade e o acumulo de capital, foram "despesas particulares, afetadas a caixas de auxilio e de aposentadoria, obras patronais do século XIX na França". (BRUNHOFF, 1985, p.15) Ou seja, as indústrias passaram a fornecer serviços de saúde e aposentadoria aos trabalhadores para dirimir suas insatisfações que estavam fazendo com que o acúmulo de capital diminuísse, como salienta Castel (2009, p.424 –grifo do autor):

> o que funcionou como tal durante muito tempo foi o conjunto das políticas patronais anteriormente desenvolvidas (...), mistura de sedução e da coerção para fixar os operários através das 'vantagens sociais' e aniquilar sua resistência através das regulamentações rígidas.

Entretanto, com a crise de 1929, as indústrias não tiveram mais condições de assegurar o controle do mercado de trabalho através desse remédio. "As obras patronais são, no entanto, insuficientes, em seu princípio, como remédio capitalista para a insegurança da condição proletária" (BRUNHOFF, 1985, p. 16). Como o capital foi incapaz de resolver o problema da insatisfação dos trabalhadores, o remédio passou a ser o Estado.

> O primeiro eixo principal da intervenção econômica do Estado, seja ela política, econômica, ou não, é a gestão da força de trabalho como mercadoria particular. Essa Gestão responde a uma necessidade do capital, que não pode ser diretamente satisfeita pelo próprio capital. (BRUNHOFF, 1985, p.7)

As consequências do sistema de produção fordista fizeram com que o Estado fosse obrigado a efetivar diversas políticas de amparo ao trabalhador e a promoção do pleno emprego, fomentando o direito à educação, e fazendo surgir assim, com mais força, o Estado de Bem-Estar Social, como expõe Frigotto (2003, p.70-71):

> O Estado de Bem-Estar vai desenvolver políticas sociais que visam à estabilidade no emprego, políticas de rendas com ganhos de produtividade e de previdência social, incluindo seguro desemprego, bem como direito à educação, subsidio no transporte, etc.

A educação fordista, diante de todas as insatisfações da classe operária já descritas, era uma educação voltada para qualificar o trabalhador a executar tarefas, de forma que o aprendizado recebido lhe garantia um emprego no regime fordista de produção, entretanto, não sua estabilidade no que tange à sua sobrevivência ao se afastar do emprego. Com o Estado do Bem-Estar Social, passa a existir a democracia de massa, que tem como essência, a mudança do voto censitário, somente por homens e pessoas com renda expressiva, para o voto universal, voto tanto por homens e mulheres, como pela classe pobre e operária, dando condições à massa trabalhadora de intervir na política e fazer reformas sociais, tributárias e trabalhistas. Tais reformas, faziam com que os ricos pagassem impostos que eram revertidos em serviços públicos como saúde, educação, dentre outros, em pensão para pessoas afastadas do trabalho por doenças profissionais, em seguro-desemprego e em aposentadoria.

Com as reformas tributárias, foi possível aumentar os fundos públicos de forma que se pudesse transferir renda para as classes mais pobres, isso fez com que a pobreza, as desigualdades sociais e o desemprego fossem reduzidos no centro do capitalismo mundial. Tratamos aqui de economias que estão no centro do capitalismo mundial, os países altamente desenvolvidos, já que o Estado de Bem-Estar Social assume outras formas na periferia.

> A presença plena e mais avançada do Estado de Bem-Estar Social foi uma excepcionalidade das economias que constituem o centro do capitalismo mundial, ou seja, uma minoria de nações e também uma parcela relativamente pequena do conjunto da população mundial. (POCHMANN, 2004, p. 3)

A política de pleno emprego do Estado de Bem-Estar Social foi essencial para não só acabar com a insatisfação da classe trabalhadora, que agora tinha acesso à educação, saúde e Seguro Social, como também reestabilizar a economia após a crise de 1930, e após a Segunda Guerra Mundial em 1945, como preconiza Farias (2001b, p.84): "os interesses econômicos dos trabalhadores pareciam assegurados, tanto pelas formas modernas de salário, quanto por um regime de acumulação rico em emprego e poder de compra".

Sendo a crise de 1929, uma crise oriunda da falta de demanda para o consumo, seria necessário criar uma demanda, uma população que tivesse renda para consumir. Assim, as políticas sociais, como o Seguro Social, cumpriram esse papel de fazer com que a massa de desempregados, seja por qual motivo for, por invalidez, por doença ocupacional, ou por não encontrar emprego, tivessem poder de compra, bem como também os empregados, como dizia Ford em seu slogan: "nossos operários devem ser também nossos clientes" (FRIGOTTO, 2003, p. 71). Tal slogan de Ford demonstrava como a estratégia ou o remédio dessa segunda fase do fordismo, após a crise de 1929, era viabilizar a combinação de produção em grande escala com o consumo de massa.

> o *'five dollars day'* não representa apenas um aumento considerável no salário. É pensado como a possibilidade do operário moderno ter acesso ao estatuto de consumidor dos produtos da sociedade industrial. (CASTEL, 2009, p.429)

Não adiantaria produzir, se não se gerasse uma demanda de consumo. "Assim, graças aos meios reguladores do fordismo, e do keynesianismo, os ganhos de produtividade são manejados para garantir a unidade entre a produção e o consumo de massa (...)" (FARIAS, 2001b, p.78). Com isso, o fordismo cria a sociedade salarial, "um modo de gestão política que associou a sociedade privada e a propriedade social, o desenvolvimento econômico e a conquista dos direitos sociais, o mercado e o Estado." (CASTEL, 2009, p. 478-479).

Sendo assim, o objetivo principal do regime fordista

do Estado de Bem-Estar Social, era de um lado satisfazer o social, pois "quanto aos trabalhadores, é também com o início de uma produção em massa que aparece explicitamente uma preocupação de bem-estar por meio do desenvolvimento do consumo." (CASTEL, 2009, P. 430), e por outro lado satisfazer o mercado, ao garantir a rentabilidade dos capitais, como expõe Flávio Farias:

> Foi consolidada, entre 1945 e 1975, a utopia de uma sociedade do trabalho, segundo a qual a forma de Estado que corresponde ao regime fordista é de classe, no sentido de que o governo volta-se, em primeiro lugar, para a garantia da rentabilidade dos capitais, que é, todavia, considerada como premissa do emprego e da promoção do trabalho assalariado, que se torna, em última instância, o objetivo do Estado-providência. (FARIAS, 2001b, p.69)

Dessa forma, o Estado de Bem-Estar Social ao satisfazer ao social, indiretamente atendeu também ao mercado, que em suas políticas liberais de livre atuação da concorrência não conseguiu aprisionar a mão de obra necessária à acumulação do capital, servindo como um remédio à insatisfação dos trabalhadores, pacificando assim, os mesmos, como preconiza Waizbort:

No social, por intermédio da educação profissional,
o Estado deu condições de sustentação e renovação
da força de trabalho. Criando uma força de trabalho
disciplinada e conformada com o sistema de produção
fordista. Nessa época, também em meio às políticas do
Welfare State, aumentou-se o nível de ensino. Braverman
(2012) retrata os motivos que levaram os trabalhadores
a terem um nível maior de instrução, já no fim do Estado
de Bem-Estar Social e do fordismo. O autor afirma que
a Depressão de 1930, levou o Estado a promulgar uma
legislação que restringia a participação de jovens como
força de trabalho. Essa medida foi adotada com o objetivo
de reduzir o desemprego, eliminando do mercado de
trabalho, o segmento da sociedade que contemplava os
jovens, dando assim, oportunidade para os que possuíam
maior idade. Com a restrição dos jovens ao trabalho, os
mesmos adiantaram os seus estudos, proporcionando
assim, um aumento nos anos de escolaridade.

Entretanto, segundo Braverman (2012), com a
Segunda Guerra Mundial, o problema do desemprego
em massa ocasionado pela Depressão, foi parcialmente
solucionado pela grande demanda de trabalho na produção

e serviço nas forças armadas. O término da guerra trouxe novamente o medo do retorno da Depressão, haja vista que com a queda da produção bélica e o retorno dos soldados, aumentaria o desemprego. Sendo assim, o *Welfare State* dos Estados Unidos, como medida para espantar o medo da renovação da Depressão pós-guerra, concedeu subsídios para educação de veteranos, contribuindo assim, para a extensão do período de formação escolar.

Com os 30 anos dourados de grande crescimento econômico e acumulação de capital no pós-guerra, e com os subsídios governamentais à educação, aumentou-se o número de pessoas com nível superior, já que se vislumbrava um cenário em que o crescimento pós-guerra demandava empregados gerenciais e com um nível de formação maior. Entretanto, Braverman (2012, p. 370) coloca que no fim da década de 1960, observou-se um excesso de pessoas com formação superior, "quando tudo o que estaria disponível para pelo menos três quartos daquela geração eram funções que exigiam educação mínima".

Tal fenômeno, propiciou uma exigência do mercado de trabalho no ato da seleção ao emprego por pessoas que possuíssem um grau de instrução maior, mesmo que o emprego não demandasse grandes qualificações, mas somente pelo motivo de haver uma grande oferta de graduados. Sendo assim, já se observara no fordismo, uma demanda por uma elevação no nível de instrução dos trabalhadores, para que os mesmos galgassem a um emprego, mas sem a necessidade da aplicação dessa maior instrução nos afazeres do trabalho, já que no taylorismo-fordismo como já fora exposto, o trabalhador era visto como um ser bovino, que tinha condições de aprender a executar uma tarefa em poucas horas de treinamento, sem demandar muitos conhecimentos, como Braverman (2012, p. 371) indica ao citar a fala do Diretor do Pessoal da *Inorganic Chemicals Division da Monsanto Chemical Company*: "a maioria das funções típicas da fábrica exigem apenas formação incompleta do primeiro grau em aritmética, soletração, leitura, escrever e falar".

A demanda por elevação no nível de escolaridade do trabalhador no fordismo, nos remonta à teoria do capital humano, como taxa Frigotto e Ciavatta (2006, p.61): "a ideia de capital humano, nos termos do ideário capitalista, situa-se ainda no contexto das políticas keynesianas de desenvolvimento e de busca do pleno emprego". Esse fenômeno de exigência por um grau maior de instrução do trabalhador visto na política de pleno emprego no fordismo, continua a aparecer no pós-fordismo só que de forma diferente.

1.2.2. A CRISE DO REGIME FORDISTA DE ACUMULAÇÃO DO CAPITAL E DO ESTADO DE BEM-ESTAR SOCIAL

Segundo Debrey (2003, p.42), a crise do Estado de Bem-Estar Social e do fordismo, foi uma crise de "esgotamento de apropriação de mais-valia", ou seja, a implementação do fordismo e do keynesianismo, viabilizou principalmente a partir do pós-guerra, altos ganhos de produtividade. Sendo assim, a crise "nasceu basicamente, do esgotamento destes ganhos de produtividade" (FARIAS,

2001b, p.70). O Estado de Bem-Estar Social não conseguiu sustentar sua política de financiamento do capital e ao mesmo tempo das políticas sociais, fazendo assim, com que o regime de acumulação do capital fordista viesse a declinar, principalmente através da reestruturação produtiva que nascera com o toyotismo. Frigotto (2003) afirma que o esgotamento do regime fordista de acumulação do capital, se deu através da revolução da base técnica do processo produtivo, ou seja, da inovação tecnológica, que por sua vez, se deu principalmente pelo financiamento direto ao capital privado e indireto na reprodução das forças de trabalho pelas políticas do Estado de Bem-Estar Social, como discrimina Frigotto (2003, p.73):

> Os limites deste modelo de desenvolvimento se fazem sentir já ao final da década de 60 com a progressiva saturação dos mercados internos de bens de consumo duráveis, concorrência intercapitalista e crise fiscal e inflacionária que provocou a retração dos investimentos. Desenha-se, então, a crise do Estado de Bem-Estar Social, dos próprios regimes sociais-democratas e principia-se a defesa à volta das 'leis naturais do mercado' mediante as políticas neoliberais, que postulam o Estado Mínimo, fim da estabilidade no emprego e corte abrupto das despesas previdenciárias e dos gastos, em geral, com as políticas sociais. Este modelo teve nos governos Thatcher, na Inglaterra e Reagan, nos Estados Unidos suas âncoras básicas.

O Estado, na tentativa de atender as demandas do

mercado, e ao mesmo tempo as demandas públicas e do social, verificou o limite estrutural da Política do Estado de Bem-Estar Social. Diz-se limite estrutural, haja vista, que os fundos públicos eram incapazes de sustentar a acumulação do capital e ao mesmo tempo manter as políticas sociais voltadas para reproduzir a força de trabalho necessária para a reprodução do capital (FRIGOTTO, 2003). Sendo assim, "a crise do Estado do Bem-estar ou keynesiano significou historicamente o descomprometimento do Estado com o compromisso do pleno emprego". (WAIZBORT, 1998, p. 73)

O Estado de Bem-Estar Social passa a ser questionado a partir da crise do final dos anos 70, quando se observa "um novo ambiente econômico marcado pela profunda desregulação da concorrência intercapitalista e por modificações importantes na base tecnológica, em meio ao predomínio das altas finanças" (POCHMANN, 2004, p.6) Essa modificação na base tecnológica, fundada na microeletrônica associada à informatização, à microbiologia e engenharia genética, se dá com a "substituição de uma tecnologia rígida por uma tecnologia flexível" (FRIGOTTO, 2003, p.77). "Na realidade, a grande indústria taylorista está desaparecendo, repelida pouco a pouco por empresas organizadas de maneira flexível" (FARIAS, 2001b, p. 74-75).

A tecnologia flexível advém da pressão estabelecida pela globalização, que restringe o crescimento do fordismo e do Estado de Bem-Estar Social, levando à crise esse sistema, como expõe categoricamente Lipietz (2003, p.19): "O caminho fordista de crescimento indefinido do consumo de massa também é regulado pela restrição da globalização tanto quanto pela crescente composição orgânica do capital ou pelas limitações ecológicas".

É a globalização que impõe a crise do fordismo e do Estado de Bem-Estar Social, levando o mercado a adaptar-se a esse novo cenário por intermédio de uma reestruturação produtiva, que baseou-se na transferência do sistema de produção fordista para o sistema de produção toyotista, o que acarreta também, como medida subsidiaria para tal acontecimento, em uma educação de novo gênero. "Não se pode compreender as mudanças que estão ocorrendo na essência do Estado do pós-fordismo sem aprender a forma específica da luta de classes que gira em torno da divisão internacional do trabalho na era da globalização". (FARIAS, 2001b, p. 100)

Sendo assim, a mesma política que sustentou o fordismo foi a mesma que o levou a crise, como argumenta Arienti (2003, p.102): "o Estado keynesiano e do bem-estar Social foi identificado como elemento central da regulação fordista, e por consequência da crise do fordismo." Com a crise, verifica-se o surgimento da reestruturação produtiva flexível do capital (toyotismo), que constitui "uma alternativa de tentar superar a crise de acumulação (iniciada na década de 70) do *Welfare State* de base técnica rígida e de produção taylorista/fordista" (DEBREY, 2003, p.103). Dessa forma, "o período de 1965 a 1973 tornou cada vez mais evidente a incapacidade do fordismo e do keynesianismo de conter as contradições inerentes ao capitalismo." (HARVEY, 2010, p. 135)

CAPÍTULO 2

A EDUCAÇÃO PROFISSIONAL NO PÓS-FORDISMO E A EMPREGABILIDADE

Para tratarmos da educação profissional no pós-fordismo, inicialmente veremos as várias hipóteses sobre o que vem a ser o pós-fordismo, e em quais dessas hipóteses está fundamentado este trabalho. Em "as oito hipóteses sobre o pós-fordismo", Revelli (2015), aponta quais são as várias versões do que poderia vir a ser o pós-fordismo.

(1) A primeira hipótese tratada por ele, diz respeito a uma ruptura histórica da tradição do movimento operário em conjunto com o fim da técnica de acumulação do capital taylorista-fordista, e do compromisso social. Ou seja, um rompimento total, uma descontinuidade, da velha cultura fordista e de seu regime de acumulação do capital.

(2) A segunda hipótese argumenta acerca da continuidade do pós-fordismo com o fordismo, pautado na dependência que ainda existe no pós-fordismo, "do trabalhador na relação sistêmica do processo produtivo". Segundo Revelli (2015) há uma "forma de 'intensificação' do velho modelo produtivo e não, certamente, de sua superação", intensificação esta, que se dá, através de uma "estrutura hierárquica sem espaço para a autonomia e fundada numa cultura obsessiva do mando e da

desconfiança".

(3) A terceira hipótese trata do aspecto, fábrica-sociedade. No fordismo a fábrica manipulava a sociedade, entretanto, no pós-fordismo, a fábrica perde o seu domínio, pois é restringida pelos limites impostos pela sociedade. A sociedade já não absorve tudo que é produzido pela fábrica. Sendo assim, no pós-fordismo a uma nova relação entre fábrica-sociedade.

(4) A quarta hipótese de Revelli (2015) diz respeito a relação com a força de trabalho. No taylorismo-fordismo tinha-se que o trabalhador tinha naturalmente uma vontade de não trabalhar e ocultava as suas reais potencialidades da hierarquia da fábrica para não poder trabalhar de mais, entretanto, no pós-fordismo, esse cenário muda, ou seja, essa relação do capital com a força de trabalho se transforma, fazendo com que o trabalhador tenha uma participação maior nos processos produtivos, externalizando para a hierarquia as suas potencialidades e criatividade, fomentando dessa forma muito mais o coletivismo do que o individualismo.

(5) A quinta hipótese vem preconizar que o pós-fordismo trouxe impactos não somente sobre a fábrica, mas também em todas as relações sociais, modificando instituições, comportamentos, formas de mediação e conflitos da mão de obra, ou seja, modificando principalmente o mercado de trabalho.

(6) A sexta hipótese, comtempla o pós-fordismo como uma mudança da forma-Estado. Ruptura com o modelo estatal social do ponto de vista das políticas públicas, keynesiano no plano econômico, e social-democrata, que

imperou no século XX e que esteve ligado ao modelo produtivo fordista.

(7) A sétima hipótese, ver o pós-fordismo como a neutralização do movimento operário. O movimento operário se estabelece em três âmbitos: a fábrica, o partido de massas e o sindicato. No pós-fordismo, estes três âmbitos se moldam ao Capital. Segundo Revelli (2015) o Capital tende a converter-se em Estado, e subjuga a si, a fábrica, o partido de massas e o sindicato.

(8) A oitava hipótese sobre o pós-fordismo trata da nova articulação fábrica-sociedade-Estado. Revelli (2015) argumenta que o pós-fordismo é uma nova reestruturação produtiva, que não se dá somente na fábrica ou no social, mas no setor intermediário a estes atores, no limite entre produção e reprodução, entre fábrica e sociedade.

Diante das várias hipóteses sobre o pós-fordismo aqui citadas, ainda que venhamos a tocar em várias delas, concordando e discordando, este trabalho se fundamenta e objetiva se aprofundar na quinta hipótese de Revelli (2015), que preconiza que o pós-fordismo trouxe impactos não somente sobre a fábrica, seu processo de gestão, estrutura física e tecnologias utilizadas, mas também em todas as relações sociais, alterando o comportamento do trabalhador por intermédio das várias formas de mediação e conflitos, o que propicia, consequentemente, a mudança principalmente do mercado de trabalho, como coloca Aglietta (1976, p.60 *apud* VEIGA,1997, p.66), pai da escola da regulação: "o novo estágio do capitalismo é atingido quando a acumulação não apenas transforma o processo de trabalho, mas, sobretudo, transforma o processo de reprodução da força de trabalho." Dessa forma, a mudança no mercado de trabalho e no processo de reprodução da força de trabalho, implica em instituições educacionais, que se moldam ao mercado, fomentando uma nova educação profissional.

A educação profissional no pós-fordismo, assume uma forma diferente da que existia no fordismo. No taylorismo-fordismo o operário não precisava de grandes conhecimentos, mas apenas de um breve treinamento acerca de como realizar a sua tarefa repetitiva, assim sendo, esse treinamento concedido ao trabalhador, era voltado a ensinar a melhor forma de executar uma tarefa, ou seja, a forma mais produtiva. Essa qualificação no pós-fordismo, passa a ser exigida em um patamar mais elevado, sendo uma educação de novo gênero.

No pós-fordismo, a qualificação é substituída por uma nova terminologia denominada competência. Enquanto que no fordismo o operário tem que possuir qualificação para desempenhar bem uma só função, ou seja, se especializando naquela área específica, no pós-fordismo o trabalhador tem que ter competência para ser flexível e ter o *savoirfaire*, ou seja, a capacidade de se adaptar a novas áreas e situações, resolvendo problemas e se expondo ao risco. No fordismo o operário pode ser treinado e ensinado a ter habilidade para executar uma tarefa e pode ser facilmente substituído, já no pós-fordismo, exige-se não só que o trabalhador saiba fazer, mas que ele saiba aprender a aprender, ou seja, gerar novos conhecimentos em prol de resolver novos problemas e novas necessidades que emergem da globalização, da era da informatização e do conhecimento.

A diferença marcante no âmbito da educação profissional entre o fordismo e o pós-fordismo, é que em ambos, observa-se a exigência por uma maior qualificação do trabalhador, entretanto, presencia-se tal exigência no fordismo, somente no seu fim, e não há necessidade do uso dessa qualificação nas atividades da empresa, mas somente como um diferencial para entrar no mercado de trabalho, conforme veremos neste capítulo, já no pós-fordismo se observa essa exigência desde o seu início, e há a necessidade do uso de conhecimentos maiores, com o advento de novas tecnologias, da robótica, automatização e informatização.

2.1. O SISTEMA DE PRODUÇÃO TOYOTA NO PÓS-FORDISMO

O sistema Toyota de produção, ou toyotismo, foi um sistema de produção desenvolvido no Japão, sendo o inverso do aplicado no sistema Ford de produção, ou fordismo. O toyotismo começa principalmente a partir da difusão dos princípios da qualidade que emanaram nos Estados Unidos, e que foram levados ao Japão por Deming, um especialista em amostragem. Entretanto, Deming inovou os princípios da qualidade apregoada na América ao observar que a mesma tinha um defeito: a qualidade americana só separava os produtos bons dos defeituosos, sem tentar evitar que os defeitos viessem a ocorrer novamente. Sendo assim, o toyotismo começa a diferenciar-se do fordismo nesse sentido, pois Deming agora começa a observar e fazer o controle da qualidade não somente na fase final da produção, onde o produto já sai acabado e pronto para consumo, mas agora é efetivado um controle de processos, visualizando todos os setores da produção, "pensando pelo avesso", como coloca Benjamin Coriat, em seu livro intitulado, *Pensar pelo avesso* (CORIAT, 1994).

Deming introduziu no sistema de produção uma ferramenta denominada, corrente de clientes, que preconizava que deveria existir um elo entre a indústria e os seus clientes, que poderíamos denominar de corrente de *stakeholders*, corrente entre os principais interessados diretos nas ações da empresa, os quais seriam os fornecedores e os clientes. Ou seja, dentro do processo produtivo, "o estágio precedente é o fornecedor e o estágio seguinte é o cliente" (MAXIMIANO, 2006, p.169). Assim, o controle da qualidade não tinha que ser feito no estágio final da produção somente, mas de forma inversa, desde o fornecedor até o cliente, garantindo assim, um dos princípios da qualidade estabelecidos por Deming, o de fazer certo desde a primeira vez.

Foram tais princípios estabelecidos por Deming, que inovados, fizeram com que o controle da qualidade fordista, separar os produtos bons dos defeituosos, viesse a se transformar nos círculos de qualidade toyotista, que buscavam o aperfeiçoamento contínuo, ou seja, não somente constatar o defeito, mas evitar que ele ocorra. Os círculos de qualidade baseiam-se em um grupo de trabalhadores que juntos tentam reduzir custos, resolver problemas operacionais, aumentar a eficiência, melhorar o desempenho e a produtividade, através da busca contínua pela qualidade. Essa ferramenta nos reporta a outra diferença entre o fordismo e o toyotismo, e o porquê o toyotismo é visto como o avesso do fordismo. No toyotismo busca-se pelo coletivismo, pelo trabalho em grupo, cabendo a vários trabalhadores a responsabilidade da efetuação de uma atividade, o que diferentemente ocorria no fordismo, onde cada trabalhador especializado em uma tarefa, trabalhava de maneira isolada, e era o único responsável pela atividade a ele delegada.

> No que diz respeito ao pessoal de execução a justa posição de trabalhos prescritos e parcelados deu lugar à organização em "coletivos de trabalho" ou "grupos de projeto", a exemplo do que se faz nas empresas japonesas: uma espécie de taylorismo ao contrário. (DELORS, 2003, p.94 – grifo do autor)

Os círculos de qualidade levam o trabalhador a se sentir parte da empresa, fomentando uma administração participativa, o que não acontecia no fordismo, onde se fazia a separação entre a concepção e execução, a fim de que ao trabalhador operário coubesse somente a função de execução, sendo a concepção, uma obrigação dos dirigentes da empresa no setor tático/estratégico. No toyotismo, há a separação da concepção e da execução, mas em um novo sentido, de forma que ao trabalhador operacional agora é delegado tanto o executar como o conceber, não tendo somente a obrigação do saber fazer, mas também a obrigação do saber aprender a aprender, em prol de resolver problemas e conflitos. Os círculos de controle da qualidade serviram para motivar o trabalhador a se adequar ao sistema de produção Toyota, como descreve Feitosa (1991 *apud* FRIGOTTO; CIAVATTA, 2006, p.212), ao abordar o Círculo de Controle de Qualidade – CCQ como:

> Aspecto motivacional para o trabalhador porque desenvolve autoconfiança, criatividade e prazer de cooperar na solução de problemas da empresa, com grandes benefícios para o binômio empresa-empregado.

Essa busca desenfreada pela qualidade total em todas as partes do processo produtivo almejada pelos japoneses, advinha principalmente do cenário estabelecido de um país sem recursos naturais totalmente dependente de suas importações. Outra diferença relevante entre o fordismo e o toyotismo, consequência da inserção dos princípios de Deming na cultura de produção japonesa, é a quantidade do fordismo versus a qualidade do toyotismo. "O sistema Toyota teve sua origem na necessidade particular em que se encontrava o Japão de produzir pequenas quantidade de numerosos modelos de produtos". (OHNO, 1978, p. 49 *apud* CORIAT, 1994 p. 30). Enquanto o fordismo tinha a quantidade como principal objetivo a ser alcançado e a sua qualidade assumia o sentido de adequação do produto ao uso do consumidor, produzindo produtos sem diferenciação, o toyotismo visava a qualidade como satisfação do cliente, que exigia produtos diferenciados, de vários modelos, produzindo em baixas quantidades de maneira a atender de forma proporcional a demanda do mercado, com fins de evitar-se o desperdício.

Como coloca Maximiano (2006, p.186), o sistema Toyota de produção "baseia-se não apenas nos especialistas da qualidade, mas principalmente nas técnicas de Henry Ford e Frederick Taylor". Foi a partir das ineficiências dos sistemas taylorista/fordista, que o toyotismo buscou criar ferramentas inovadoras que aumentassem a sua produtividade. Sendo assim, o toyotismo como sistema de produção nasce no Japão como uma evolução e inovação de vários elementos (subsistemas) combinados que formariam o todo. Tais subsistemas são principalmente, Taylor, Ford, Deming e a cultura japonesa orientada para o trabalho de grupo, em conjunto com a economia de recursos (MAXIMIANO, 2006).

Para Coriat (1994, p.31 – grifo do autor) ao falar do toyotismo, "trata-se do contrário, do 'inverso' do sistema concebido algumas décadas anteriores no nordeste norte-americano pelos ilustres predecessores que são, para Ohno, Taylor e Ford". O termo 'inverso' utilizado por Coriat (1994, p.31) designa principalmente, como colocado por ele, "o coração da oposição central" entre os dois métodos (taylorismo/fordismo e toyotismo), já que o fordismo baseia-se em uma produção em massa de grandes séries de produtos padronizados, ou seja, idênticos, e o toyotismo baseia-se de forma inversa ao fordismo em uma produção de produtos em pequena série, mas com uma grande variedade de modelos. Dessa diferença entre o sistema fordista e o sistema toyotista de produção é que nasce o espirito Toyota, o qual preconiza segundo Coriat (1994, p.32) que deve-se "pensar não a grande, mas a pequena série; não a padronização e a uniformidade do produto, mas sua diferença, sua variedade."

Outra diferença que nos leva a perceber que o toyotismo pensa ao avesso do fordismo é a questão da "desespecialização dos profissionais" (CORIAT, 1994). Enquanto que no fordismo buscava-se cada vez mais a especialização do trabalhador, para que o mesmo dentro da linha de montagem móvel pudesse executar apenas uma tarefa, uma parte do processo produtivo, no toyotismo, busca-se que o trabalhador pudesse executar várias tarefas e várias partes do processo produtivo.

Como colocado por Coriat (1994, p.53- grifo do autor) "este movimento de desespecialização dos operários profissionais e qualificados, para transformá-los em trabalhadores multifuncionais, é de fato um movimento de 'racionalização do trabalho' no sentido clássico do termo." A racionalização do trabalho, que leva o trabalhador a ser polivalente e multifuncional, advém da necessidade de cortar custos, principalmente após a crise financeira pela qual passou a empresa Toyota em 1949, que resultou em greve dos operários, e como consequência, na demissão de mais ou menos 1.600 operários e do próprio presidente – fundador Kiichiro Toyoda em 1950 (Coriat, 1994). Em meio ao término da greve e da demissão em massa de operários, há inesperadamente uma grande demanda de produção por parte do mercado da guerra, o que obriga a empresa Toyota a buscar uma solução à pergunta: Como aumentar sua produtividade possuindo agora um baixo efetivo de profissionais? A solução encontrada foi a desespecialização dos profissionais, tornando-os polivalentes e multifuncionais, efetuando ao mesmo tempo várias funções e atividades, com uma gestão simultânea de várias máquinas. Senso assim, um trabalhador polivalente fazia a função em média de três trabalhadores dispensados.

Querendo aumentar a produtividade em meio à demanda crescente, com um quadro pequeno de trabalhadores, e partindo do pressuposto que as duas maneiras de aumentar a produtividade são, ou aumentar a quantidade produzida, ou reduzir o pessoal de produção, a empresa Toyota aplicou as duas maneiras. Aumentou a produtividade com o aumento da quantidade produzida, pois, a polivalência, fruto da desespecialização agora aplicada, levara a intensificação do trabalho, como coloca Coriat (1994, p. 54): "assim, desespecialização e intensificação do trabalho seguem de par, e constituem as duas faces de um mesmo e único movimento". E também aumentou a produtividade com a redução de pessoal, haja vista, que a polivalência e a multifuncionalidade davam margem para enxugar o quadro de funcionários.

Outra estratégia para vencer a crise financeira da empresa, aumentando a produtividade com a redução de funcionários, foi a gestão dos estoques. Verificou-se que por trás dos estoques existiam duas coisas que agregavam grandes custos a produção: excesso de pessoal e excesso de equipamento. O excesso de pessoal denota o "excesso de pessoas empregadas em relação ao nível da demanda solúvel e efetivamente escoada" (CORIAT, 1994, p. 33), e o excesso de equipamento denota a consequência de um estoque permanente. O sistema Toyota de produção implementou o enxugamento das empresas em um nível muito alto, com fins de reduzir custos, atrelando assim, o termo economia à redução de efetivos:

> Na Toyota, o conceito de economia é indissociável da busca da redução de efetivos e da redução de custos. A redução dos efetivos é, com efetivo, considerada como um meio de realizar a redução dos custos que é claramente uma condição essencial da sobrevivência e do crescimento de um negócio. (OHNO, 1978, p.65 *apud* CORIAT, 1994, p. 33)

Funda-se assim, em meio à promoção da economia com redução de custos e de efetivos, através da gerência dos estoques e da polivalência, a fábrica mínima, que também é uma fábrica flexível, pois terá que dar conta da demanda qualitativa ou quantitativa de produtos e serviços demandados pelo mercado em suas flutuações, mesmo com um reduzido efetivo de funcionários. Nesse contexto, nasce como estratégia para se realizar tal proeza, o just-in-time.

Ohno (1978, p.16 *apud* CORIAT, 1994, p.29) coloca que o sistema de produção toyotista se baseia em dois pilares fundamentais: (1) "a produção *just-in-time*" e (2) "a auto-ativação da produção". O *just-in-time*, é uma expressão em inglês, que traduzida para o português significa, a grosso modo, bem-a-tempo, ou no tempo certo. De maneira simplificada, o *just-in-time* é uma técnica de gerenciamento da produção que visa produzir a quantidade certa no momento certo, assim evitando desperdícios.

No sistema Toyota de produção, com a implantação do *just-in-time*, não há desperdício de matéria-prima, pois ela vem na quantidade exata em que vai ser utilizada e no momento certo da sua utilização. Além disso, no toyotismo a produção é puxada, ou seja, vende-se ao cliente para depois produzir, ao contrário do que acontece no fordismo, onde se empurra a produção, ou seja, primeiro se produz para depois vender. Sendo assim, a quantidade do que vai ser produzido é definida com base na encomenda do cliente, não havendo assim, desperdícios de material, nem de tempo. Tais princípios do *just-in-time*, fomentaram o estoque-zero, ou seja, a produção é igual às vendas, então não existe estoque, pois estoque é sinônimo de prejuízo para a empresa.

Para se efetivar o *just-in-time*, os japoneses criaram a ferramenta *Kan-ban*, expressão que significa cartão. No processo produtivo, para que haja a quantidade certa no momento certo de matéria prima, e controle da produção, usa-se o *kan-ban*, um cartão que traz a informação de que matéria prima já fora utilizada no processo produtivo e que precisa ser reposta, um método parecido ao de um supermercado. Esse método enxerga pelo avesso, de forma que o processo posterior busca o material no processo anterior. Exemplificando, o (cliente) mediante sua necessidade vai ao supermercado comprar certo produto, o (supermercado) ao ter tal produto vendido vai até o seu (fornecedor) para comprar o produto e repô-lo na prateleira. Dessa forma o uso do Kan-Ban nesse processo exemplificado, seria o cliente deixando no caixa um (Kan-Ban) cartão, informando que produtos foram comprados. O caixa por sua vez enviaria esse Kan-Ban para o seu estoque, onde o repositor iria repor nas prateleiras exatamente a quantidade que foi comprada informada no cartão, e por último o Kan-Ban com informações do que foi retirado do estoque iria para o fornecedor para o mesmo repor o estoque do supermercado. Sendo assim, o *kan-ban* é o coração do *just-in-time*.

Além do *just-in-time*, a outra ferramenta que faz funcionar o toyotismo é a autoativação da produção, entretanto, para entendermos a autoativação, faz-se necessário primeiramente entendermos a autonomação, palavra formada da junção das palavras: autonomia e automação.

A ideia central da autonomação é evitar a propagação de defeitos durante o processo de produção. Para isso é delegada a responsabilidade – *empowerment* - ao operador ou à máquina, de parar o processo de produção sempre que for constatada a iminência de algum erro. Quando a máquina puder evitar problemas que levam ao desperdício e à má qualidade da produção autonomamente, diz-se que houve autonomação. Assim não se fala somente de automação, uma máquina que funciona de forma automática quando está ligada, mas de autonomia, uma máquina que funciona sozinha, mas que também, tem a capacidade de gerenciar sua parada na iminência de um problema ou falha que venha a comprometer a qualidade da produção. Por isso, autonomação significa "automação com toque humano" (ALVES, 2008, p.106), ou seja, "a ideia de Ohno é dar às máquinas um toque humano ou inteligência humana" (ALVES, 2008, p.107). A autonomação surgiu inicialmente no processo da fabricação têxtil, na qual se concentrava a empresa Toyota antes da Segunda Guerra Mundial, tendo depois a empresa mudado o escopo dos seus negócios para o setor automobilístico. Inicialmente a indústria têxtil na Toyota era manufaturada, sendo o tear operado de forma totalmente humana. O presidente-fundador da Toyota, K. Toyoda, criou então a partir de diversas inovações, o tear a vapor, que deu automação ao processo de fabricação de tecidos. Entretanto, tais máquinas de tear a vapor ainda provocavam muitos desperdícios e uma má qualidade do tecido quando um fio do tear se rompia por exemplo, sendo necessário o operador ficar observando a máquina para efetivar o seu desligamento em caso de rompimento do fio de tear, evitando a produção de tecidos defeituosos. Sendo assim, K. Toyoda desenvolveu técnicas para que a máquina de tear a vapor parasse automaticamente quando um fio se rompesse, o que foi inovado até chegar-se a ter a operação simultânea de mais de 30 a 40 teares por um único operador. Tal inovação propiciou o aumento da produtividade, com uma maior qualidade do tecido e com um efetivo menor de trabalhadores. Evitando-se o desperdício, aumentou-se a qualidade e diminuiu-se os custos com a mão de obra. Dessa forma, a autonomação da máquina fez cumprir-se o "objetivo supremo do toyotismo: reduzir o número de operadores e aumentar a eficiência da produção (CORIAT, 1994, p. 89 *apud* ALVES, 2008, p.107).

Entendido a autonomação, podemos entender a autoativação e como a mesma contribui para fomentar a polivalência do trabalhador. A autoativação diz respeito ao lado humano no processo produtivo. Ainda que, a máquina de forma autônoma consiga identificar a falha no processo produtivo e parar a produção, há ainda a necessidade de o trabalhador tomar ciência dessa falha e providenciar o *Kaizen*, a melhoria contínua dos processos, fazendo com que o problema não venha a se repetir novamente. "É a ideia da melhoria contínua (*Kaizen*) que exige dos operadores um *savoir-faire* que só eles têm" (ALVES, 2008, p.107). A exigência da melhoria contínua, exige do operador da máquina autônoma, uma capacidade de adaptação em meio aos vários e novos problemas que podem emergir na produção, exigindo assim, do trabalhador, um nível mais alto de conhecimentos, que venham a o proporcionar, capacidade para efetivar a resolução de tais problemas. É a ferramenta *Kaizen,* melhoramento contínuo, que vai instigar a aprendizagem contínua dos trabalhadores, elevando os esforços da organização em não só desenvolver a adaptação do trabalhador somente à tarefa, mas desenvolver o *savoir-faire*, desenvolver o trabalhador, a se adaptar a organização e ao espírito Toyota, fomentando círculos de qualidade e resolução conjunta de problemas, que contribuem para a aprendizagem contínua.

Segundo Martins (2007, p. 351) o que viabilizou a aprendizagem contínua e o melhoramento contínuo nas empresas líderes no Japão foi: "(1) a garantia de um trabalho para toda vida, (2) rotatividade no trabalho, (3) competências múltiplas e (4) partilha dos lucros." A garantia de um trabalho para toda vida dentro do sistema de emprego japonês fomentava principalmente o emprego vitalício, o salário por antiguidade e o sindicalismo de empresa (CORIAT, 1994).

O emprego vitalício foi uma estratégia das empresas japonesas para efetivar o aprisionamento da mão de obra, principalmente de trabalhadores mais velhos e experientes, que em meio ao término da guerra nos anos 50 estavam escassos. No mesmo contexto, o salário por antiguidade é utilizado como forma de fixar a mão de obra na empresa, através da motivação por maiores salários advindos do maior tempo de serviço, além de promover também a redução dos custos com salários de trabalhadores, pois tendo uma proporção maior de trabalhadores novos (recém-contratados), do que de trabalhadores antigos no seu quadro efetivo, as empresas gastariam mais, se pagassem um valor equitativo a todos, do que somente um valor alto a uma minoria (os mais antigos), ainda dessa forma instigando os recém-contratados (mais novos) a se esforçarem por permanecer mais tempo na empresa para atingirem tal patamar de salários dos mais antigos. Esse valor mais alto de salários, para os mais antigos, era pago independentemente de serem menos qualificados do que os recém-contratados, como coloca Coriat (1994, p. 90):

> Parece que no Japão, mais que em qualquer outro lugar, é possível encontrar situações nas quais jovens de alta qualificação inicial são menos remunerados que trabalhadores que tem muita antiguidade, mas cuja formação inicial é baixa.

Entretanto, o sistema Toyota de produção, estendido inicialmente para as grandes empresas japonesas e depois para o mundo, buscava conceder aos seus trabalhadores um nível cada vez maior de escolaridade, de forma a estarem aptos a si inserirem na cultura toyotista.

> É uma outra particularidade japonesa o fato de que as empresas realizem não apenas formação no local de trabalho de maneira extremamente ativa e sistemática, mas também que abriguem e animem e desenvolvam formações pesadas e formais. (CORIAT, 1994, p. 92)

Womack, *et al* (1990 *apud* MARTINS, 2007, p. 351) coloca "que a Toyota tem contribuído com pelo menos sete anos de formação e aprendizagem para os seus trabalhadores, antes da reforma, em contraste com os dois anos oferecidos pelas empresas americanas". Dessa forma, o sistema toyotista aliava a antiguidade de trabalhadores com qualificações efetivas, de modo a aprisionar a mão de obra necessária para a produção, ter os seus trabalhadores qualificados e ao mesmo tempo reduzir os custos.

Outra ferramenta utilizada para garantir o trabalho para toda a vida era o sindicalismo de empresa, que diferentemente do sindicalismo no fordismo, sindicalismo de indústria, que enfrentava os empregadores e seus representantes, agora é reputado muito mais como cooperativo do que conflitivo. (CORIAT, 1994)

Conjuntamente com a garantia de um trabalho para toda vida, que também anuncia uma educação para toda a vida, um dos pressupostos da nova educação profissional no século XXI, como veremos em capítulos posteriores, temos a rotatividade no trabalho, competências múltiplas e a partilha dos lucros como ferramentas que viabilizam a aprendizagem contínua.

É a rotatividade no trabalho, ou seja, o perpassar por diversos postos de trabalho, que leva o trabalhador a adquirir competências múltiplas que o farão polivalente e multifuncional, bem como, a garantir a aprendizagem contínua, o que por sua vez, propicia o trabalho para toda vida, sendo assim, a rotatividade do trabalho, é uma estratégia para reduzir custos. Ao se ter um trabalhador multifuncional, habilitado a desempenhar tarefas múltiplas, a empresa pode em tempos de negócios em baixa, enxugar o seu quadro de funcionários sem comprometer a produtividade, haja vista, que qualquer trabalhador tem competência para assumir uma vaga de um posto onde houve demissão. No mesmo contexto, a partilha dos lucros também é uma estratégia para reduzir custos, pois a empresa passa a ter flexibilidade em meio à cultura da partilha dos lucros, em cortar custos com os rendimentos da mão de obra em tempos de baixa nos negócios ou em aumentar os rendimentos em tempos de alta da empresa.

Tais princípios toyotistas interligados entre si, conduzem o trabalhador à polivalência e ao *savoir-faire*, flexibilidade e capacidade de adaptação. O sistema toyotista necessita da escola para educar o trabalhador e conduzi-lo ao *savoir-faire* de forma que o mesmo, sujeite-se a lógica e ao espírito toyotista, como preconiza Althusser (1970 *apud* BRUNHOFF, 1985, p.7):"A escola como aparelho ideológico de Estado, onde o operário aprende 'habilidades' ('savoir-faire') sob formas que, longe de serem puramente técnicas, asseguram uma sujeição à ideologia dominante". A escola então possui o papel tanto no fordismo como no toyotismo, de fornecer diferentes capacidade e competências, como descrito na tabela 1.

Tabela 1 – Diferentes capacidades exigidas no modelo taylorista-fordista e no modelo toyotista

MODELO TAYLORISTA-FORDISTA	MODELO TOYOTISTA
Capacidade de cumprir tarefas	Capacidade de iniciativa, de tomada de decisões e de assumir responsabilidades.
Capacidade de realizar tarefas simples e repetitivas.	Capacidade de realizar tarefas variadas e complexas.
Disciplina e obediência às instruções.	Capacidade de identificar e resolver problemas com base em uma compreensão global.
Trabalho individual e isolado.	Capacidade de adaptação às mudanças e ao trabalho em equipe.
Conhecimentos técnicos especializados e limitados.	Nível elevado de conhecimentos técnicos transferíveis.

Fonte: (SENAI, 2013, p.14)

2.2. A REESTRUTURAÇÃO PRODUTIVA NO PÓS-FORDISMO E A BUSCA DA EMPREGABILIDADE

O pós-fordismo é um regime de acumulação do capital que agora se demonstra flexível em relação ao regime anterior fordista, caracterizado por sua rigidez. Para Arienti (2003, p. 101), o "pós-fordismo pode ser entendido como as novas variáveis e novas relações que surgem das estratégias bem-sucedidas de superação da crise do Fordismo"

Segundo Alves (2005) e Tenório (2011), o período do pós-fordismo iniciou-se a partir da crise capitalista de 1970 e se estende até os dias atuais. É a partir de 1970 que há uma reestruturação produtiva pautada no toyotismo, abandonando a rigidez organizacional do fordismo e adotando agora a flexibilização organizacional.

Frigotto (2003) preconiza que a literatura denomina de nova revolução industrial, o que se presencia com a inserção da tecnologia flexível no pós-fordismo em detrimento da tecnologia rígida do fordismo. Essa nova revolução industrial produz um impacto no conteúdo do trabalho, na divisão do trabalho, na quantidade de trabalho e na qualificação do trabalho.

A resistência da classe operária ao trabalho taylorista-fordista leva o capital a promover uma reestruturação produtiva principalmente com a ajuda da inserção da microeletrônica e robótica (automatização dos processos) na indústria (SILVA, 2009). Tal reestruturação produtiva se dá principalmente através do toyotismo ou Sistema

Toyota de Produção, que é uma tentativa de aperfeiçoar as técnicas do taylorismo e fordismo com intuito de sanar a crise promovida por tais sistemas.

Assim sendo, o toyotismo surge como um novo regime de acumulação do capital, regime este, japonês, que conseguiu se adaptar melhor às exigências da crise estrutural do capital, ou seja, foi o desenvolvimento da crise estrutural do capitalismo que constituiu o toyotismo como padrão de gestão da produção. Cabe ressaltar, que o toyotismo surge como um novo sistema de produção, em meio às novas condições do capitalismo mundial dos anos 80, pautado em novas normas de concorrência e na mundialização do capital, para superar a debilidade do mercado japonês, interno e restrito dos anos 50, como afirma Alves (2005, p.5):

> O novo regime de acumulação flexível tendeu a satisfazer as exigências do capitalismo mundial, sendo adequado às novas condições de concorrência e de valorização do capital e ao novo patamar da luta de classes na produção.

O toyotismo surge no Japão, e é reconhecido como modelo japonês de gestão da produção, mas logo em meio a mundialização do capital, vários países passam a importar do Japão as técnicas de gestão, fazendo do toyotismo uma filosofia universal, útil para a reestruturação do capital.

Posthuma (1993, p. 258) e Gitahy e Rabelo (1993, p. 227 *apud* FRIGOTTO; CIAVATTA, 2006, p.195) "mostraram que, ao contrário do que ocorreu na década de 1970, período no qual a quantidade constituiu o elemento fundamental da produção, no final dos anos 80, a qualidade passou a ser a palavra-chave". O modelo toyotista agora inserido em um mercado envolto por uma concorrência mais acirrada, busca a qualidade da sua produção, assim precisando obter para isso, uma força de trabalho mais qualificada, aparecendo assim no Toyotismo um novo perfil da força de trabalho.

> No que se refere ao novo perfil da força de trabalho, imposto pelo processo de reestruturação produtiva, verifica-se que, ao contrário daquilo a que assistimos quando da utilização do padrão tecnológico fundado no modelo taylorista-fordista, os pressupostos do novo paradigma exigem um trabalhador mais qualificado e com nível mais alto de escolaridade. (FRIGOTTO; CIAVATTA, 2006, p.194):

Com a nova demanda do capital por força de trabalho mais qualificada e com nível mais alto de escolaridade capaz de participar da produção de qualidade do toyotismo, passa a existir uma maior pressão do capital sobre o Estado, para que o mesmo adote políticas educacionais que elevem o nível educacional dos trabalhadores, como coloca Frigotto e Ciavatta (2006, p. 197):

> Nesse sentido, constatamos que as empresas passaram a empreender esforços no sentido de qualificar a força de trabalho e a exigir do Estado que equipasse seu sistema educacional, com o objetivo de elevar o nível de escolaridade dos trabalhadores.

Sendo assim, no pós-fordismo, o Estado atende as exigências do mercado, mas diferentemente do período fordista, busca não fomentar políticas de pleno emprego, mas sim, empregabilidade. Esse novo regime de acumulação do capital é sustentado através do medo da perda do emprego, ao passo que se desconstrói o *Welfare State,* subtraindo-se assim, as redes de solidariedade, havendo dessa forma uma mudança de política social do fordismo para o pós-fordismo, como descreve Arienti (2003, p.105): "Há claramente uma mudança na política social de uma prioridade da distribuição de renda do regime de bem-estar para uma visão mais produtivista e preocupada com a competitividade do regime pró-trabalho." Esta terminologia, pró-trabalho, utilizada por Arienti (2003), foi a tradução que o autor achou conveniente para o termo, Schumpeterian workfare state, presente no trabalho de Jessop (1998 *apud* ARIENTI, 2003), ficando na tradução para o português, como Estado schumpeteriano e pró-trabalho. Segundo Jessop (1998 *apud* ARIENTI,2003), o pós-fordismo é visto como uma transição do Estado keynesiano e do regime de bem-estar social, que se combinou com o regime de acumulação do capital fordista, para o Estado schumpeteriano e do regime social pró-trabalho, que se combina com as características produtivistas do pós-fordismo.

Essa competitividade do regime pró-trabalho, ou seja, a busca desenfreada pela produtividade no pós-fordismo, faz alusão à Qualidade Total do sistema toyotista, ferramenta desenvolvida por japoneses na empresa Toyota, a partir da inovação de técnicas difundidas por

Deming, participante da escola americana de qualidade, com o objetivo de aumentar a produtividade. Baseado nos princípios da produção com qualidade e eliminação de desperdícios, a Toyota se tornou a terceira montadora do mundo, atrás somente da General Motors e Ford.

O Sistema Toyota de Produção possui como tripé, a eliminação de desperdícios, a fabricação com qualidade e administração participativa. Para que se eliminem desperdícios é necessário obter-se uma fabricação com qualidade, e para isso, faz-se necessário possuir trabalhadores motivados a cooperar com a administração, sendo assim, o toyotismo incorpora a administração participativa, promoção da participação dos trabalhadores no processo decisório, como estratégia para alcançar o seu objetivo de eliminar desperdícios e reduzir custos.

Uma das estratégias utilizadas no toyotismo para eliminar desperdícios é a racionalização da força de trabalho. Muitas empresas passaram a adotar essa estratégia nos anos 90, quando o modelo Toyota deixou de ser exclusivamente japonês e globalizou-se, passando a ser um sistema universal. Como exemplo de racionalização da força de trabalho, temos a colaboração dos executivos da empresa Porsche na disseminação dos métodos japoneses:

> Executivos da Porsche foram mandados para a linha de produção da Toyota e começaram a adaptar na fábrica de Stuttgart o que haviam aprendido: reduziram o quadro diretivo, eliminaram um dos escalões intermediários, dispensaram operários, enxugaram a linha de

montagem e os estoques, negociaram com os fornecedores. E passaram a incentivar os funcionários remanescentes com melhores salários e a possibilidade de engordar os vencimentos com um sistema oriental de sugestões. (MAXIMIANO, 2006, p. 199)

A mudança efetivada pelo toyotismo em relação ao fordismo no que tange às relações entre empregador e empregado, por intermédio da produção enxuta, e da racionalização da força de trabalho, demissão em massa de empregados, fez com que fosse enfraquecida a resistência da classe trabalhadora contra a exploração das forças de trabalho pelo capital, como explicita Teixeira e Oliveira (1998, p.64):

> Não há dúvidas de que o modelo japonês de relações salariais, para falar de acordo com os regulacionistas, traz todas as condições ideais requeridas para superar a crise de acumulação fordista: flexibilização da produção, intensificação do trabalho, modelo cooperativo de organização sindical, desverticalização da produção, etc.

Em meio a uma nova concorrência fomentada pela mundialização do capital, "primazia do capital especulativo e do mercado, que rompe com as determinações políticas, econômicas e culturais próprias à autonomia e à soberania nacionais, (FARIAS, 2001b, p.86)" e a globalização, as indústrias devem agora preocupar-se com a qualidade da sua produção, e para isso precisam de uma mão de obra mais qualificada, mas ao mesmo tempo necessitam enxugar a empresa, reduzindo o número de funcionários para aumentar a mais-valia, tendo para isso, uma ajuda da inserção das novas tecnologias e da maquinaria no chão de fábrica.

Esse enxugamento do número de funcionários e a necessidade de mão de obra qualificada para promover a Qualidade Total na produção, são as causas do que denomina-se empregabilidade. Nesse estudo, observaremos então a empregabilidade como atributo ideológico disseminado pelo modelo toyotista de acumulação de capital, de duas formas:

1 – empregabilidade como as novas exigências de qualificação para o mercado do trabalho;

2 – empregabilidade como o novo tipo de estrutura organizacional pautada na produção enxuta (*lean production*).

Segundo Maximiano (2006, p.186), os dois princípios mais importantes do sistema Toyota de produção são a eliminação de desperdícios e a fabricação com qualidade. São desses dois princípios que advém o conceito de empregabilidade como ideologia do modelo toyotista. A fabricação com qualidade propicia novas exigências de qualificação para os trabalhadores e a eliminação de desperdícios fez nascer a produção enxuta. A produção enxuta no toyotismo foi caracterizada pelo enxugamento (*Downsizing*) que conforme definição de Maximiano (2006, p. 129) "é a prática de diminuir o tamanho das organizações por meio da redução do número de níveis hierárquicos e da quantidade de funcionários". Segundo este autor, "as empresas enxugaram suas estruturas em prol da eficiência e da diminuição dos custos, a fim de enfrentar a concorrência agora não mais local, mas mundial".

É a partir do *downsizing* que surge o novo perfil de trabalhador no modelo do toyotismo, um trabalhador que agora em meio à redução de cargos, níveis hierárquicos e consequentemente funcionários, terá que possuir a capacidade de ser flexível, polivalente, multifuncional, ou seja, poder assumir várias funções, ter a capacidade de se adaptar a qualquer área na empresa, sendo assim, um funcionário interdisciplinar, tendo vários conhecimentos, podendo atuar em diversos setores da empresa, dentre outras características incutidas pela educação profissional no alunato, futuros trabalhadores da indústria. Diante de tal cenário, há uma mobilização de várias esferas públicas e organizações:

> Governo, escolas e sindicatos passaram a incorporar o discurso da nova pedagogia empresarial, articulando, por exemplo, em torno do conceito de "empregabilidade", as noções de competências e novas habilidades cognitivas e comportamentais necessárias para a nova produção capitalista. Constitui-se todo um complexo de aparelhos ideológicos privados e públicos que buscam disseminar, através de cursos e treinamentos, a "nova racionalidade" da produção capitalista sob a mundialização do capital, o que implica construção de uma nova linguagem e sintaxe das práticas do trabalho. Na verdade, o objetivo, em última instância, é capturar a subjetividade do trabalho e não apenas a consciência de classe (ALVES, 2001, p. 39 *apud* ALVES, 2002, p.81)

Segundo Alves (2005, p.417), a "polivalência, um dos nexos contingentes do toyotismo, é uma iniciativa educativa do capital; é, entre outros, um mecanismo de integração (e controle) do trabalho na nova lógica do complexo produtor de mercadorias". O conceito de empregabilidade passa a fazer alusão a ser polivalente, ou seja, ter a capacidade de adquirir várias funções e vários conhecimentos (interdisciplinaridade) o que exige do trabalhador uma maior qualificação. Sendo assim, a empregabilidade deve ser conquistada pelo cidadão e não a partir do mercado ou do Estado, mas a partir dos seus próprios esforços para se qualificar. Ou seja, "os trabalhadores, para terem acesso ao mercado de trabalho, devem possuir competência e qualificação, isto é, adquirir empregabilidade mediante o esforço da qualificação" (DEBREY, 2003, p.112). Dessa forma, a empregabilidade "torna-se uma falácia da sociedade capitalista, sobretudo em vista das especificidades sociais brasileiras, quando se sabe que o acesso ou não ao trabalho depende fundamentalmente da lógica do mercado e do capital". (DEBREY, 2003, p.105). Corroborando com Debrey, os pensadores Ferreti e Silva Junior (2000, p. 57 *apud* FRIGOTTO; CIAVATTA, 2006, p. 265) afirmam que "o modelo de competências tem o propósito de transferir os direitos sociais do trabalho, de responsabilidade do Estado, para o trabalhador".

O desemprego deixa de ser responsabilidade do Estado e passa a ser encargo do indivíduo que não se adaptou ao modelo do toyotismo, da polivalência, tendo o Estado apenas o papel de fornecer qualificação profissional – educação profissional, sendo do indivíduo, o dever de se qualificar ou se empregar. Ou seja, passa-se então a falar de empregabilidade, para justificar o desemprego:

> (...) que não é produto de uma política recessiva e de um processo de modernização e abertura econômica que motiva o fechamento de empresas e a destruição de postos de trabalho, mas, sim, da incapacidade dos indivíduos em se empregar. (FOGAÇA, 1999, p.65 *apud* DEBREY, 2003, p.58)

"A ideologia da empregabilidade alude às necessidades das mudanças produtivas do capital flexível e às novas relações do trabalho incipientemente toyotizado" (DEBREY, 2003, p. 58). Assim presenciamos uma mudança de paradigma na educação profissional do fordismo para o pós-fordismo, como descreve Tenório e Palmeira (2002, p.75 *apud* TENÓRIO, 2011, p.1165):

> (...) as práticas laborais, a divisão do trabalho e a especialização do trabalhador típicas no sistema taylorista-fordista, são alteradas no modelo pós-fordista uma vez que neste a polivalência da mão de obra são suas principais características.

A educação profissional no fordismo é voltada a ensinar as práticas laborais e a divisão do trabalho enquanto que, no modelo pós-fordista (toyotismo) a polivalência se torna o eixo propulsor da educação profissional, como presenciamos no discurso de um proeminente gestor do

Serviço Nacional de Educação Industrial - SENAI:

> Longe de se pensar na desqualificação da força de trabalho pelo advento da informatização, o que se considera é a formação integral do técnico que de uma certa forma vem a ser a polivalência, distinta dos princípios marxistas e ajustada à realidade do desenvolvimento da ciência e da tecnologia (...) A polivalência na escola deve aproximar-se da polivalência do mercado. (BOCLIN, 1992, p. 21 *apud* FRIGOTTO; CIAVATTA, 2006, p.40)

A educação profissional no pós-fordismo, por intermédio do toyotismo, proporciona por meio do ensino da polivalência em busca da empregabilidade, um novo modelo de precarização, a síndrome do medo, como argumenta Farias (2003a, p.94).

> Para além do fordismo e na era da globalização, a classe operária teria entrado, definitivamente, na casa 'dos horrores' do neoliberalismo, isto é, numa pós-modernidade insegura, improdutiva e especulativa. Portanto, as massas trabalhadoras estariam condenadas à tirania da 'era do risco' (grifo do autor).

O medo de perder ou não encontrar emprego, ou de se perder o que já se tem, leva o trabalhador a buscar uma maior qualificação e se sujeitar a condições precárias de trabalho no que tange ao desdobramento do esforço para ocupar várias atividades, dessa forma "os fins da empresa e a hegemonia do capital sobre o trabalho buscam se impor sutilmente através do medo operário da perda do posto de trabalho" (REVELI; TRIPODI, 1998, p. 7 *apud* FARIAS, 2001b, p.71-72). Corroborando com Farias, temos Kalecki (1943 *apud* GOMES; LOURENÇO, 2012, p. 486) que afirmam: "Não é um despropósito lembrar ainda os efeitos do medo do desemprego como elemento de reforço das estruturas de dominação social e política, bem como do conservadorismo em geral". Sendo assim, a precarização do trabalho ultrapassa o âmbito físico forte no fordismo e passa a perpetuar agora com mais força, no psicológico dos trabalhadores, como argumenta Alves (2002, p. 82)

> A busca do consentimento ativo da subjetividade do "trabalho vivo" passou a constituir-se, em última instância, através da síndrome do medo cujo substrato objetivo é dado pela constituição de um precário mundo do trabalho. Essa é, portanto, a função sócio-ontológica da nova precarização heteróclita sob a mundialização do capital: constituir o consentimento ativo necessário para o desenvolvimento dos nexos contingentes do Toyotismo e produzir uma subjetividade regressiva, avessa às atitudes antagônicas de classe diante da lógica do capital.

A polivalência, a empregabilidade e a precarização do trabalho por meio da síndrome do medo, são ferramentas nas mãos do capital para propiciar a desigualdade entre indivíduos e nações. Retira-se a responsabilidade do tipo de regime político e regime de acumulação de capital dentro dos processos históricos de dominação de poder e relação de classes, e coloca-se a diferença de qualificação e competências entre indivíduos e nações como responsável pelas desigualdades socioeconômicas existentes entre indivíduos e nações, como cita Frigotto e Ciavatta (2003, p. 61):

> Passa-se a ideia de que a desigualdade entre nações e indivíduos não se deve aos processos históricos de dominação e de relações de poder assimétricas e de relações de classe, mas ao diferencial de escolaridade e saúde da classe trabalhadora. Associam-se, de forma linear, a educação, o treinamento e a saúde à produtividade.

PARTE 2

A EDUCAÇÃO PROFISSIONAL NO SOCIAL LIBERALISMO BRASILEIRO.

Bresser-Pereira (2001, p.4) elenca as formas históricas que o Estado assumiu, quanto ao seu regime político e quanto a sua forma de gestão, conforme tabela 2:

Tabela 2 – Regimes políticos e formas de Gestão do Estado.

Segundo o Regime Político	Segundo a Forma de Gestão
Estado Absoluto	Administração Patrimonial
Estado Liberal	Administração Pública Burocrática
Estado Liberal-Democrático	Administração Pública Burocrática
Estado social-democrático (do bem-estar social)	Administração Pública Burocrática
Estado Social-Liberal (Democrático)	Administração Pública Gerencial

Fonte: (Bresser- Pereira, 2001, p.4)

Bresser-Pereira (2001, p. 1) preconiza que um "novo estado vem surgindo desde o último quartel do século XX", o qual denomina-se Estado Social-Liberal. Dentre tais regimes políticos citados por Bresser-Pereira, o Brasil no término do século XX e início do século XXI, demonstrou ter adotado e estar adotando o regime político Social-Liberal.

"Em certos Estados-nações centrais (como a França) e periféricos (como o Brasil), foram implementadas políticas sociais-liberais na busca de dourar a pílula neoliberal com certas medidas paliativas keynesianas" (FARIAS, 2004, p.93). Para Bresser-Pereira (2001, p. 4) "o estado social-liberal se mantém comprometido com a justiça social, ao mesmo tempo em que é uma resposta adequada à oferta ineficiente de serviços sociais e científicos" Ele é social porque está comprometido para com os direitos sociais, e é liberal porque acredita nos mercados e na concorrência.

O governo tucano de FHC e os Governos petistas de Lula e Dilma apontaram ter conforme regime político um Estado Social-Liberal, governos comprometidos com o social, mas que ao mesmo tempo se sujeitam às exigências do mercado e da concorrência, adotando mandamentos de organizações internacionais como o Fundo Monetário Internacional - FMI, o Banco Internacional para Reconstrução e Desenvolvimento - BIRD, a Organização Internacional do Trabalho - OIT, a Organização das Nações Unidas para a Educação, a Ciência e a Cultura - UNESCO e etc. No governo FHC o Estado social-liberal, tinha mais propensão ao lado liberal do que ao social, conotando assim, ser um Estado mais propenso ao neoliberalismo econômico, como afirma Farias (2003a, p.93).

A ideologia brasileira dominante é social-liberal, embora esteja mais propensa ao neoliberalismo econômico, pois já está claro e evidente que muitos intelectuais brasileiros da esquerda oficial dita moderada aderiram, de modo mais ou menos aleivoso e obstinado, ao mito do mercado auto regulável, ou melhor, à utopia contemporânea do mercado eterno e livre. (FARIAS, 2003a, p. 93)

Nos governos petistas de Lula e Dilma, houve um equilíbrio maior nas políticas que atendiam tanto o lado social como o lado liberal, conotando, assim, o governo de Lula ser mais social do que liberal, ainda que a olho nu, essa balança estivesse equilibrada. No contexto da educação profissional o governo petista criou políticas públicas educacionais que atendiam tanto a demanda social como a demanda do mercado de cunho liberal, o que divergiu do governo FHC, criando políticas que priorizavam somente a educação básica, deixando a educação profissional à margem.

Nos Governos de FHC, de Lula e de Dilma, o regime de acumulação do capital toyotista passa a ser adotado, mas não em sua plenitude, assim sendo implementada a reestruturação produtiva no país de forma incipiente, dirimindo parcialmente com o modelo taylorista-fordista no âmbito da educação profissional. No Brasil, o toyotismo assume sua forma periférica, podendo ser denominado por alguns autores na literatura de neofordismo, para exprimir que no Brasil, o toyotismo ainda possui traços do taylorismo/fordismo, não superando totalmente tais sistemas de produção, como coloca Debrey (2003, p.43):

> A emergência de um novo padrão de acumulação do capital global de maior flexibilidade manifesta-se, a partir das últimas décadas do século XX, de forma mais acentuada nos Estados capitalistas centrais hegemônicos, e, de forma ainda incipiente, nos de economias histórico-estruturalmente dependentes do capital internacional de perfil híbrido – produção taylorista/fordista e toyotista flexível – como expressão da nova transição à globalização neoliberal excludente e seletiva.

A partir dos anos 90, no governo FHC, o Brasil passa a se reestruturar adotando um Estado Social-Liberal, de forma a introduzir os princípios do regime de acumulação do capital Toyota. Para isso, o governo implementa ações e políticas que venham a viabilizar principalmente por meio da educação profissional, o estabelecimento do sistema de produção toyotista no país, que em sua gestação se fez híbrido, não rompendo totalmente com o taylorismo/fordismo, coexistindo com tais sistemas.

Ainda em sua incipiente jornada de tentar se consolidar no Brasil, o toyotismo, no governo FHC, ainda presenciava baixa qualificação da massa operária, o que não satisfazia as necessidades do regime Toyota de acumulação do capital. Diante do processo de introjeção do toyotismo no

Brasil, após o término do governo FHC e com a chegada dos governos petistas, continuou-se dando manutenção no projeto de introjeção do sistema Toyota no país, através da construção de leis e políticas educacionais. O resultado foi o aumento do nível de escolaridade e de qualificação profissional dos trabalhadores, e uma maior exigência por parte do mercado de trabalho no grau de qualificação do trabalhador em meio a crescente oferta de trabalhadores qualificados.

No século XXI, nos governos petistas, observa-se um desprendimento maior do taylorismo/fordismo, fazendo com que aconteça no Brasil, nesse momento, o rompimento parcial com tais regimes, sendo, entretanto, cada vez mais crescente a consolidação do sistema de produção Toyota no setor industrial e de serviços no país. Entretanto, nesse momento, o aumento no nível de escolaridade da população, ainda não é em si, uma demanda da indústria brasileira, que ainda possui um uso restrito de robótica, e de tecnologias próprias, ainda que tenham crescido os investimentos em pesquisa e desenvolvimento no país, setor que exige maior qualificação e escolaridade por parte de seus trabalhadores. A grande oferta de mão de obra qualificada leva o mercado de trabalho a exigir um alto nível de escolaridade apenas como parte do processo de seleção de trabalhadores, e não estritamente para usar tal qualificação no processo industrial.

Austin (1991 *apud* LEITE; POSTHUMA, 1996, p.74) faz referência a uma pesquisa citada pela *Harvard Business Review,* em que os gerentes brasileiros foram os líderes em afirmar que a tecnologia é o fator crítico do sucesso, "em claro contraste com relação aos gerentes dos países industrializados como França, Holanda e Alemanha, que citaram a capacitação dos trabalhadores como o fator crítico de sucesso mais importante".

Diante desse contexto, de mutação do sistema rígido fordista para o sistema flexível toyotista, fomenta-se a necessidade de preparar os trabalhadores brasileiros para se enquadrarem às novas exigências do capital internacional, que tem o Brasil como o terceiro mundo, onde se instalam as grandes indústrias multinacionais com base no sistema de produção Toyota. Ademais, a indústria nacional só poderá ser competitiva no cenário internacional se qualificar sua força de trabalho, como expõe Leite e Posthuma (1996, p.70):

> (...) o posicionamento do país na economia mundial dependerá, em grande medida, da capacidade da indústria nacional de basear suas estratégias competitivas na valorização e na qualificação da força de trabalho e não mais no uso intensivo de mão-de-obra barata e semiqualificada.

Entretanto, para que haja uma mão de obra qualificada e moldada à exigência do novo sistema de produção e acumulação do capital que emerge no Brasil do século XXI, é necessária uma nova educação profissional, uma educação que não forneça somente qualificações técnicas, mas também competências pessoais, uma educação que seja para toda a vida, que incuta o espirito da polivalência e da multifuncionalidade no empregado, tendo como motivação a busca pela empregabilidade e o medo do desemprego. Essa nova educação profissional é prescrita e veiculada por organismos Internacionais tais como, FMI, BIRD, OIT, UNESCO, e nacionais como a Confederação Nacional da Indústria - CNI, o Serviço Nacional de Aprendizagem Industrial - SENAI, a Representante no Brasil da Organização das Nações Unidas para a Educação, a Ciência e a Cultura - UNESCO/MEC, dentre outros.

CAPÍTULO 3

A EXPERIÊNCIA DO GOVERNO FHC COM BAIXA QUALIFICAÇÃO

Na década de 80, "mesmo com a Constituição Federal de 1988, que tinha por perspectiva a consolidação de um sistema de bem-estar social no Brasil, verifica-se na prática que os avanços foram relativamente pequenos" (POCHMANN, 2004, p.14). O que se observa, como advogado por Neves (1994 *apud* FRIGOTTO,2003, p.141), é que no final da década de 80 e início da década de 90, algumas organizações, a exemplo da CNI, em meio a diversas propostas educacionais elaboradas pelos empresários no Brasil, mudaram sua estrutura organizacional com o objetivo de "situar-se no interior das mudanças que o processo produtivo internacional experimenta e os desdobramentos em termos de produtividade, competitividade, relações de trabalho, etc."

No Brasil, na década de 80, já se observava o início da introjeção dos princípios toyotistas, entretanto como coloca Alves (2000, p. 180 *apud* DEBREY, 2003, p.49) tais princípios ainda estavam centrados "em um Toyotismo restrito e na adoção de tecnologias microeletrônicas seletivas". Somente nos anos 90 é que se presencia no Brasil uma aplicação da automação microeletrônica generalizada, dando assim, início à reestruturação produtiva na produção capitalista do país.

> A reestruturação produtiva na produção capitalista dependente brasileira inicia-se, de forma integrada e sistêmica, na década de 90, em alguns setores da economia, como, por exemplo, no novo complexo da indústria automobilística. (DEBREY, 2003, p.49)

Para a consecução da implementação do toyotismo no Brasil há a necessidade de mudanças nas políticas educacionais, e as organizações internacionais apoiam essas mudanças, já que o capital precisa sair da crise através de sua reestruturação produtiva, tendo como estratégia para isso, transformar os métodos tayloristas e fordistas, em métodos toyotistas, como forma de promover a acumulação do capital e propiciar a globalização.

No Governo FHC, compreendido entre os anos 1995 e 2002, verificou-se a adoção e o início da aplicação do Toyotismo no Brasil, como afirma Batista (2002 *apud* ALVES, 2002, p. 81 - Grifo do autor):

> O 'espírito do toyotismo' assumiu uma forma institucional nos anos 1990, principalmente através das novas políticas governamentais de formação profissional, levadas a cabo pelo Ministério do Trabalho e Ministério da Educação e Cultura, principalmente a partir do governo Cardoso (em 1994). Por exemplo, todo o discurso que embasou o Plano Nacional de Qualificação do Trabalhador (PLANFOR), sob o governo Cardoso, é intrinsecamente toyotista, contribuindo, em grande parte, para a difusão dos conceitos e da ideologia toyotista no Brasil.

Uma das transformações na educação como forma de introjetar os princípios toyotistas no Brasil foi o Plano Nacional de Qualificação do Trabalhador – PLANFOR, que estava sob a direção do Ministério do Trabalho e Emprego – MTE e era efetivado com recursos do Fundo de Amparo ao Trabalhador – FAT, vindo a inserir o tipo de educação profissional agora pretendida.

O objetivo geral do PLANFOR era ofertar qualificação profissional de forma a qualificar anualmente a partir de 1999, pelo menos 20% da População Economicamente Ativa – PEA, evitando assim, o desemprego estrutural, através da busca de obtenção de trabalho principalmente para a população em situação mais vulnerável no mercado de trabalho, visando elevar a renda, a competitividade, a produtividade e a permanência no mercado de trabalho dos trabalhadores, ou seja, de forma a promover a empregabilidade (BULHÕES, 2004), como coaduna Kassouf (*et al.*, 2004, p. 68) taxando que o Plano Nacional de Qualificação do Trabalhador – PLANFOR, "visa capacitar trabalhadores e elevar sua empregabilidade, contribuindo para sua inserção e reinserção profissional".

Segundo Fidalgo e Machado (2000 *apud* HANDFAS, 2006, p.226), o PLANFOR vem substituir o modelo de formação profissional pautado nos princípios do taylorismo e do fordismo por um modelo de educação profissional baseado no novo contexto do capitalismo, o toyotismo, modelo que melhor se adapta à globalização ou mundialização do capital.

A partir do PLANFOR, observa-se que há uma mudança na educação profissional, mudança essa que consiste no abandono dos antigos princípios do taylorismo-fordismo onde se treinava o trabalhador para saber fazer, e insere-se agora os princípios do toyotismo do saber-aprender. "Pensar em formação profissional deve ir além de pensar em treinamento, adestramento técnico (...) Deve-se agora se ater muito mais ao 'saber-ser', 'saber-aprender' do que 'saber-fazer'" (MACHADO, 2000: 147 *apud* HANDFAS, 2006, p.231). Segundo Debrey (2003, p.52) a partir de 1990 (década que compreende o 1º governo FHC) passa-se a implementar no Brasil práticas de reestruturação produtiva na educação, as quais foram a saber:

> i. Abertura econômico-comercial e financeira à competitividade internacional, desacompanhada de uma política cientifico-tecnológica industrial planejada e autônoma;
>
> ii. Desregulamentação da economia de mercado de forma improvisada e subordinada aos interesses do capital imperialista;
>
> iii. Privatização de empresas estatais (com formação de monopólios privados) cujas estratégias permitem e até facilitam a progressiva privatização de setores sociais, como os de saúde e educação;

Sendo assim, outra medida adotada pelo governo FHC que nos remonta ao início da aplicação da filosofia toyotista no Brasil, foi a privatização, a qual é colocada por Frigotto e Ciavatta (2006, p.47) como a mais responsável pelas reformas adotadas na educação profissional no governo FHC:

Na educação profissional mais diretamente
ligada à formação intensiva de mão-de-obra,
o governo permitiu ao Sistema S ampliar
sua função privatista e seletiva, e minimizar
sua função social. Num âmbito mais
amplo, o Plano Nacional de Qualificação
do Trabalhador – PLANFOR, vinculado
ao Ministério do Trabalho, completou o
conjunto de reformas no campo educacional
subordinadas às reformas estruturais de
desregulamentação e privatização

Segundo Alves (2002), os Programas de Demissão Voluntária (PDV) efetivados no decorrer dos anos de 1990 estavam dentro do contexto do enxugamento do toyotismo, e não tinham o propósito somente de reduzir custos, mas de reestruturar a força de trabalho, renovando o quadro de trabalhadores com indivíduos mais dispostos a aprender a nova cultura cognitiva e comportamental do novo sistema de produção capitalista, o toyotismo.

O enxugamento toyotista das empresas no Brasil no governo FHC está atrelado ao novo modelo de relacionamento entre as organizações, a governança corporativa, ou seja, a forma como são geridas as relações entre os diversos atores que possuem interesses diretos e indiretos nas organizações, os denominados stakeholders (fornecedores, acionistas, clientes, trabalhadores, alta direção, dentre outros), que se baseia não mais na competição, mas na cooperação entre firmas, principalmente entre fornecedores e clientes:

> Dessa forma, ainda que estejam se constituindo novas relações entre fornecedores e clientes, envolvendo até mesmo o desenvolvimento conjunto de produtos e a entrega just-in-time com qualidade total, tais tendências convivem com uma "terceirização selvagem" voltada meramente para o corte de custos e assentada sobre o trabalho desqualificado e precarizado. (BRESCIANI, 1994 *apud* LEITE; POSTHUMA,1996, p.67)

Cabe ressaltar, que existe um mito para a evolução do desemprego no Brasil na década de 90, principalmente na gestão de FHC, o qual é de que tal fenômeno teria sido decorrente do avanço tecnológico e não das políticas efetivadas nessa gestão. Tavares e Gomes (1996 *apud* BOITO JR., 1999, p. 87) coadunam com tal afirmação comparando países imperialistas como Japão e Estados Unidos, e o país periférico Coréia com o Brasil, demonstrando assim, que esses países que obtiveram um avanço muito maior na área tecnológica do que o Brasil nos anos 90 possuem também menores índices de desemprego do que o Brasil. Levando em conta tal comparação, não se pode afirmar que o desemprego seria consequência total, do avanço tecnológico, mas sim, consequência das novas formas de organização do trabalho nas organizações, o toyotismo, tomando como exemplo principalmente no Brasil, o enxugamento dos bancos e das montadoras de veículos. Tais organizações reduziram o emprego através do downsizing (enxugamento dos postos de trabalho) e aumentaram a sua produção e seus lucros graças a introjeção da cultura da polivalência, da interdisciplinaridade e proatividade, sujeitando o operário a cumprir o papel de uma máquina, sendo três em um, sendo polivalente, por fazer mais de uma função, interdisciplinar, por ter conhecimento necessário para desempenhar várias funções, e proativo, por ter iniciativa de fazer aquilo que é necessário, sem ser preciso ser ordenado para isso, ou seja, dar lucros para a empresa. Essa nova organização do trabalho baseada nos princípios toyotistas, deu margem para a redução do quadro de funcionários, já que a reengenharia dos postos de trabalhos, fomentou que três funções, agora poderiam ser desempenhadas por um só funcionário, fazendo assim, com que diminuísse a folha de pagamento e aumentasse a mais-valia da organização. Nesse contexto, surge diante do toyotismo e sua forma de organização do trabalho, a precarização do trabalho, pois o trabalhador não possui condições necessárias para desempenhar sua função, já que dentro da sua carga horária estabelecida por lei, sempre acrescida de horas extras diariamente, é atroz conseguir alcançar tal tarefa, necessitando assim, que a organização se utilize de estratégias de motivação para incentivar os seus funcionários a alcançarem metas desumanas e a se manterem subjugados a lógica do capital. Sendo assim, o discurso apregoado pelo toyotismo da valorização do trabalhador através de políticas de gestão, tais como, qualidade total, criatividade e inovação, descentralização das decisões (*empowerment*), meritocracia, avaliação de desempenho, automatização, polivalência, dentre outros, demonstra o fetichismo e a contradição do capital na busca de uma nova forma de promover a acumulação do capital em meio à crise do regime fordista.

Outra reforma adotada na educação profissional do Brasil na década de 90, além do PLANFOR, **é a regulamentação da educação profissional pelas Diretrizes e Bases da Educação Nacional (LDB, Lei nº 9.394, de 20 de dezembro de 1996), e pelo decreto nº 2.208, de 14 de abril de 1997.** Conforme Debrey (2003, p. 16) foi no "contexto histórico de reestruturação econômica, social, financeira e cultural (globalização), reestruturação técnico-científico (microeletrônica, informática e robótica) e reestruturação político-ideológica (neoliberalismo)" que a lei de diretrizes e bases da educação nacional fora aprovada pelo Congresso Nacional e promulgada pelo Governo Nacional em dezembro de 1996.

Até os anos 90, a economia brasileira era tipicamente taylorista/ fordista, estando ainda em processo de parto, o toyotismo. Com a reestruturação produtiva a nível mundial, iniciada a partir dos anos 70 e consolidada nos anos 80, passa-se então de um processo de trabalho de base rígida promovido no taylorismo e fordismo, para um trabalho de base flexível no toyotismo. Entretanto, para haver essa transformação no Brasil de uma base rígida para uma base flexível, **há a necessidade de transformar a escola**, que até os anos 90 era programada para confeccionar trabalhadores que atendessem aos anseios do fordismo, em uma escola que atenda os anseios do regime Toyota de acumulação do capital.

Com a imersão dos princípios toyotistas no mercado brasileiro em meio a uma pressão dos homens de negócio, e organizações internacionais, a escola começa a passar por uma reestruturação ao longo dos anos 90, com fins de moldar o trabalhador ao novo regime de acumulação de capital flexível mundial. Para promover os subsídios necessários para aplicação do toyotismo no Brasil, a escola possui um papel fundamental, como preconiza, Enguita (1989, p.229 *apud* DEBREY, 2003, p. 19):

> a escola é essencial para a acumulação do capital e para a reprodução das relações de produção capitalistas dominantes, e é considerada pelos pais e pelos jovens como um meio para uma maior participação na vida econômica e política.

Cria-se então, nos anos 90, a LDB, que reestrutura a educação no Brasil e a missão da escola, contribuindo assim, para a passagem de um Brasil taylorista e fordista, para um país toyotista em sua forma periférica, ainda que de forma insipiente, assim atendendo as demandas internacionais, ou seja, a necessidade de produtividade e de dinamismo do mercado em meio ao emergir da globalização, como coloca Debrey (2003, p. 56):

> A lógica da empresa integrada e flexível, em suas relações com o par educação-trabalho e a políticas de reforma da educação, acontece pela necessidade de produtividade e de dinamismo do mercado global. (DEBREY, 2003, p. 56)

Postula-se então que a LDB, foi uma das principais ferramentas utilizadas pelo Estado para trazer a reestruturação produtiva mundial para o Brasil, e que a reforma da educação profissional no Brasil na década de 90, advém da reestruturação produtiva flexível:

Podemos verificar indiretamente na LDB, a prescrição dos objetivos do toyotismo para proporcionar a lógica da acumulação, através do seu Art. 2º, o qual enfatiza que: "a educação, dever da família e do Estado, inspirada nos princípios de liberdade e nos ideais de solidariedade humana tem por finalidade o pleno desenvolvimento do educando, seu preparo para o exercício da cidadania e sua qualificação para o trabalho".

Observamos assim, que a política educacional brasileira, descrita na LDB na década de 90, em sua primeira parte, explicita de quem é o dever da educação, deixando claro que não é só dever do Estado oferecer a educação, mas também da família, incentivando e dando condições para os filhos estarem na escola. Um dos pressupostos da pouca ascensão da classe baixa para as classes média e alta é justamente o motivo de os pais incentivarem os filhos a trabalharem em detrimento de estudarem, para poder ajudar na manutenção da subsistência da família, assim fazendo com que a classe pobre se reproduza, não ascendendo de classe. Já que a criança pobre deixará de estudar para trabalhar e assim acabará também tendo filhos que deixarão de estudar para trabalhar, pois ainda são pobres. Na segunda parte do art. 2º, fomenta-se que a educação é inspirada na liberdade e na solidariedade humana. Tais palavras, indiretamente nos reportam a uma educação liberal-social, em que os princípios de liberdade fazem alusão ao individualismo. Na constituição federal de 1988, em seu capítulo II, são expressos dentre os direitos sociais, o direito a educação, fomentando a isonomia entre os indivíduos. Entretanto, a liberdade em meio à igualdade de direitos acaba preconizando uma cidadania limitada a conquistas individuais, ou seja, a empregabilidade, fomentada pelo toyotismo, passa a ser uma conquista individual do cidadão.

Nesse sentido, todos possuem direito à educação e liberdade para buscar a sua qualificação, denotando assim, que ao mesmo tempo em que é colocada como dever do Estado a promoção da educação, é também dever do indivíduo se qualificar, ou seja, buscar a sua empregabilidade, esquivando-se do desemprego. A liberdade descrita na LDB como ideal da educação brasileira e a busca desenfreada pela qualificação fazem do cidadão brasileiro um ser cada vez mais individualista, pois o dever de educar sendo da família e do Estado, como descrito na LDB, passa agora a ser incutido como dever do trabalhador. Esse fenômeno gera uma concorrência e uma disputa por emprego, que diz ao desempregado que o seu insucesso é sua culpa, pois é consequência de uma não qualificação. Assim sendo, indiretamente estão incutidas na LDB princípios do toyotismo, remontando-nos ao individualismo essencial descrito por (HAYEK, 2010) para se sair do caminho da servidão e se alcançar a liberdade.

> Estamos rapidamente abandonando não só as ideias de Cobden e Bright, de Adam Smith e Hume, ou mesmo de Locke e Milton, mas também uma das características mais importantes da civilização ocidental que evoluiu a partir dos fundamentos lançados pelo cristianismo e pelos gregos e romanos. Renunciamos progressivamente não só ao liberalismo dos séculos XVIII e XIX, mas ao individualismo essencial (...) (HAYEK, 2010, p.39)

O liberalismo econômico de Hayek, promulgador do livre mercado e da concorrência como o melhor método para se desenvolver uma sociedade, culmina com o que é apregoado pelo toyotismo e indiretamente pela LDB, ao ditar-se a concorrência entre o nível de qualificação dos trabalhadores como a melhor forma de desenvolver o capital, pois agora o trabalhador não questiona mais efetivamente os donos do capital e o Estado, mas a si mesmo, o motivo do seu insucesso, desemprego e baixo salário. É a empregabilidade que agora justifica o desemprego, sendo colocado que o mesmo, não advém dos processos de downsizing (enxugamento) dos postos de trabalhos nas empresas, característica do toyotismo, mas sim, da falta de empregabilidade e qualificação profissional dos indivíduos. Dessa forma, a educação prescrita na LDB assume sua forma liberal, preconizando que a ascensão social e colocação no mercado de trabalho, dependem da competência e da empregabilidade, como prediz Debrey (2003, p.58):

> A empregabilidade e a competência na ótica do capital traduzem-se em atributos insubstituíveis para a ascensão social e colocação no mercado de trabalho. Transferem-se os valores de competitividade e individualismo de mercado para a concorrência no interior das próprias classe subalternas.

Em sua forma social a LDB, nos reporta ao *Welfare State*, Estado de Bem-Estar Social, colocando que a educação deve ser inspirada nos princípios da solidariedade. Antes da constituição de 1988, no Brasil, a educação não era tida como uma obrigação do Estado, mas sim como uma assistência, um amparo fornecido aos cidadãos que não poderiam pagar. Similar, era o que acontecia nos países que adotavam a política do Estado de Bem-Estar Social, onde a educação era fornecida juntamente com o sistema público por redes de solidariedade, constituídas por organizações como igrejas, associações, dentre outras.

E por fim, a LDB descreve a sua finalidade, a qual é preparar o alunado para a cidadania e a qualificação para o trabalho. Segundo Boito Jr. (1999, p. 638 *apud* DEBREY, 2003, p. 67) "percebendo-se como cidadãos, os trabalhadores deixam de se perceber como classe social". No social-liberalismo o papel da educação é por um lado ajudar o capital a promover sua acumulação e por outro favorecer o social em busca de apaziguar a insatisfação das massas, evitando a luta de classes. Assim a educação profissional fomentada pela LDB tem o papel de preparar o aluno, futuro trabalhador para exercer a cidadania, ensinando-o a cumprir os seus deveres e a buscar os seus direitos, o que o leva a obscurecer o seu lado de classe social, e a enxergar somente o seu lado cidadão, propiciando assim, o dirimir da luta de classes, ainda que a insatisfação do trabalhador não tenha sido dirimida.

A outra finalidade da educação prescrita pela LDB, e um dos direitos do indivíduo enquanto cidadão, é a qualificação profissional. A educação voltada para a qualificação no toyotismo é totalmente diferente do que poderia se taxar de educação voltada para a qualificação no taylorismo e fordismo, pois o toyotismo surge na era da informação, com o avanço tecnológico, introduzindo técnicas de gestão da força de trabalho atreladas a fase do desenvolvimento informacional, com a aplicação direta dos computadores no processo produtivo.

Passa-se então, no toyotismo, a exigir-se que o trabalhador tenha uma qualificação do tipo polivalente, multifuncional, interdisciplinar, capacitado para trabalhar em várias funções, tendo flexibilidade a constantes mudanças, tendo um conhecimento holístico do processo produtivo, e não somente de parte do processo como era no taylorismo-fordismo, onde prevalecia a especialização do trabalhador em uma só função, estando bitolado a executar tarefas repetitivas e especificas. Como coloca Antunes (1999, p.52 *apud* DEBREY, 2003, p.21):

> (...) o trabalho polivalente, multifuncional, qualificado, combinado com uma estrutura mais horizontalizada e integrada entre diversas empresas, inclusive nas empresas terceirizadas, tem como finalidade a redução do tempo de trabalho.

O tempo de trabalho era justamente um dos maiores questionamentos dos trabalhadores do taylorismo e fordismo, que com os princípios da administração científica, os estudos dos tempos e movimento de Taylor, e a linha móvel de Ford, produziam mais, em menos tempo do que outrora, mas continuavam tendo a mesma jornada de trabalho, não tendo os seus salários aumentados na mesma proporção.

Esse foi o diferencial no toyotismo, que passou a ter políticas de gestão, que imaginariamente davam a percepção ao trabalhador de que estava ganhando mais e trabalhando menos. Sendo assim, "em sua forma e conteúdo, a nova LDB expressa, com clareza, profundas mudanças no sistema da educação, objetivando sua adaptação ao novo processo produtivo e à competitividade global" (DEBREY, 2003, p.84).

Todas essas políticas supracitadas foram medidas adotadas pelo Estado, para implantar no Brasil o toyotismo, entretanto, tal implantação ainda estava ocorrendo com um baixo nível de escolaridade dos trabalhadores, sendo essa a principal diferença entre o toyotismo no governo FHC e o toyotismo no governo de Lula.

CAPÍTULO 4

A EXPERIÊNCIA DOS GOVERNOS PETISTAS COM ALTA QUALIFICAÇÃO

No início do século XXI, mais precisamente com o início do governo de Lula, em 2003, percebeu-se de forma mais marcante a atuação do Estado em sua forma social-liberal, tendo várias políticas públicas sociais que promoviam qualificação tanto a nível médio, como também, a nível superior, diferenciando-se assim, do governo FHC, que priorizou mais a educação básica. Com o oferecimento em massa de qualificações, percebe-se também o aumento gradativo no nível escolar da população brasileira, propiciando uma seleção pelo mercado de trabalho de pessoas com escolaridade mais ampliada.

A grande diferença entre o governo FHC social-liberal e os governos petistas sociais-liberais, foi o nível de escolaridade da população, sendo que no governo FHC, a população brasileira apresentou baixa escolaridade, e nos governos petistas a população brasileira apresentou uma alta escolaridade. Na década de 90, no governo FHC, a qualificação passa a ser substituída por competências pessoais, e a educação formal, substituída por uma educação ao longo da vida como expõe Deluiz (2001 *apud* SENAI, 2013, p.15):

> (...) o modelo de competências surgiu no contexto das reformas educacionais, que por sua vez eram parte do conjunto de reformas estruturais do Estado. Essas reformas foram decorrentes do ajuste macroeconômico ao qual os países latino-americanos se submeteram ao longo dos anos 90 para superar a inflação e a estagnação e retomar o crescimento econômico interrompido na denominada década perdida de 80.

Com a crescente mudança da ênfase da economia do setor secundário (indústria e construção civil) para o setor terciário (serviços e comércio) a partir da entrada no século XXI, o Brasil passa cada vez mais a implementar uma educação voltada muito mais para formar competências pessoais, do que somente qualificar, fomentando através de reformas na Lei de Diretrizes e Bases da Educação Nacional - LDB, e de outras políticas educacionais, uma educação mais completa, que deverá ser para ao longo da vida, fornecendo competências ao trabalhador para não somente saber fazer, mas interagir no meio onde trabalha, sabendo ter um bom relacionamento interpessoal, e habilidades cognitivas que habilitem o trabalhador a interagir com a informatização, com a globalização e com o regime de acumulação toyotista.

4.1. GOVERNO LULA

Segundo Pochmann (2014), o Brasil passa por duas grandes transformações no trabalho, com a primeira tendo início após a crise de 1930 e término no fim do século XX, e a segunda transformação no trabalho tendo início no começo do século XXI se estendendo até os dias atuais. Dessa forma, a primeira transformação no trabalho apontada por Pochmann coaduna com o regime de acumulação do capital fordista, que no caso brasileiro seria melhor denominado de fordismo periférico e a segunda transformação do trabalho no Brasil nos reporta ao regime de acumulação do capital pós-fordista ou toyotismo periférico.

Segundo Pochmann (2014), o que principalmente diferenciou a 1º da 2º transformação no trabalho no Brasil, foi principalmente duas características, as quais estão apontadas na tabela 3:

Tabela 3 – Características das duas transformações no trabalho brasileiro

1º transformação do trabalho	2º transformação do trabalho
Mudança da ênfase da economia do setor primário (agropecuária) para o setor secundário (indústria e construção civil)	Mudança da ênfase da economia do setor secundário (indústria e construção civil) para o setor terciário (serviços e comércio)
Baixa qualificação	Alta qualificação

Fonte: Adaptado de Pochmann (2014)

É preconizado por Pochmann (2014) que com a

mudança no peso dado a um setor, em detrimento de outro pela economia brasileira, muda-se o perfil de escolarização exigido pelo mercado de trabalho. Assim sendo, no modelo fordista periférico brasileiro há a transferência da ênfase dada ao setor primário da economia, setor agropecuário, para o setor secundário, setor da indústria e da construção civil, propiciando assim, uma maior exigência de qualificação profissional técnica de nível médio pelo mercado de trabalho brasileiro, característica do trabalhador do sistema fordista de produção. Entretanto, com a mudança da ênfase da economia do setor secundário (indústria e construção civil) para o terciário (serviços e comércio), novamente passa a haver uma exigência de um nível maior de escolarização por parte do mercado de trabalho, o que eleva de educação profissional técnica de nível médio para educação profissional tecnológica (ensino superior) tal exigência, coadunando assim, com as novas exigências do sistema Toyota periférico, que cada vez mais se implementa no Brasil.

Tal mudança na qualificação e no nível de escolarização ocorrida na passagem da primeira transformação do trabalho para a segunda transformação do trabalho são referidas por Pochmann (2014, p.34):

> Com a terceira revolução tecnológica, que tem a emergência das novas tecnologias de comunicação e informação, as exigências educacionais ampliam-se rapidamente. Não parecem caber mais sistemas educacionais voltados apenas às fases etárias precoces. Ademais de tornar o Ensino Superior o piso da nova sociedade do conhecimento, urge a

instalação do sistema de educação para toda a vida.

As afirmações de Pochmann coadunam com a reestruturação que passa o Serviço Nacional de Aprendizagem Industrial - SENAI no Brasil, que está a ampliar o seu escopo de cursos técnicos (nível médio) para cursos tecnológicos (nível superior), assim passando a ofertar a formação superior através da educação profissional tecnológica de graduação e pós-graduação, conforme nomeia o § 2º do Art. 39 da LDB. Segundo o Plano Estratégico do Sistema Indústria 2006-2010, que formulou metas até o ano de 2010, uma das diretrizes estratégicas do SENAI é: "desenvolver e ampliar seletivamente a oferta de Educação Profissional Tecnológica de Nível Superior" (CNI, 2006, p.57). Observa-se assim que a Confederação Nacional da Indústria - CNI está a suprir as:

> (...) demandas efetivas dos homens de negócio de um trabalhador com uma nova qualificação que, face à reestruturação econômica sob nova base técnica, lhes possibilite efetivar a reconversão tecnológica que os torne competitivos no embate da concorrência intercapitalista. (FRIGOTTO, 2003, p. 141)

Essa nova demanda por uma nova qualificação, de um trabalhador com um maior nível de escolaridade, capaz de lhe propiciar um desenvolvimento cognitivo, que o leve a se adaptar as novas exigências do mercado competitivo e global, está sendo como preconiza Frigotto (2003, p.141):

Apreendida tanto pela ação dos organismos de classe dos empresários nacionais (CNI, FIESP, IEL[1]) e sua articulação com os organismos internacionais (FMI, BID, BIRD, OIT), quanto por uma crescente literatura internacional e nacional que analisa a crise do modelo fordista de organização e gestão do trabalho, a reorganização mundial da economia e do processo produtivo e as consequências para a educação e qualificação da força do trabalho.

Presencia-se assim, principalmente através desta diretriz estratégica do SENAI, ampliar a oferta de Educação Profissional Tecnológica de Nível Superior, cujo período permeia parte do Governo Lula (2006 -2010), que o Brasil passa a se reestruturar para satisfazer as necessidades do novo regime de acumulação do capital, pautado no modelo Japonês (toyotismo), que foi incorporado e desenvolvido por outras nações assumindo outras formas, como podemos citar, o Suiço (Volvismo ou kalmarismo) e o Americano (o de SiliconValley), e que neste período se fortalece no Brasil como um toyotismo em sua forma periférica.

Observamos com base nos dados disponibilizados pela CNI, que a diretriz do SENAI de ampliar a oferta de Educação Profissional Tecnológica de Nível Superior, está a ser desenvolvida. Somente o SENAI - SP, que atende a necessidade de mão de obra qualificada do maior polo industrial brasileiro, e que é gerenciado pela Federação das Indústrias do Estado de São Paulo – FIESP, apresentou <u>crescimento</u> expressivo no número de oferta de matrículas

1   IEL – Instituto Euvaldo Lodi

em cursos superiores (tecnólogo e pós-graduação) do ano 2005 ao ano 2013, como podemos observar no gráfico 1:

Gráfico 1 - Evolução do nº. de matriculas em cursos de nível superior (tecnólogo e pós-graduação) no SENAI-SP 2005-2013

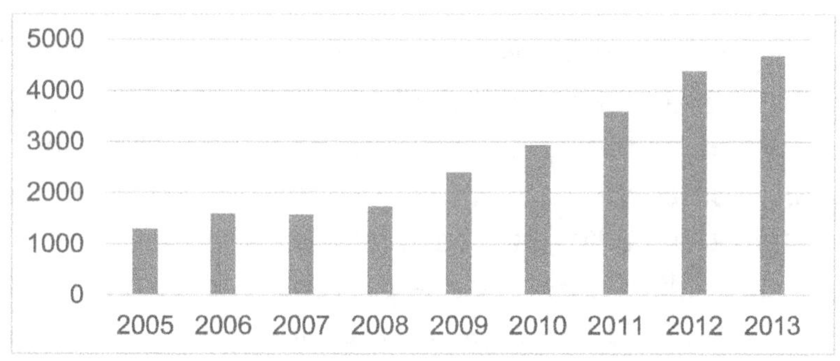

Fonte: adaptado de CNI (2006, p.33) – Obs: em cada ano foi somado o nº. de matriculas de graduação em tecnólogo mais o nº.de matriculas em pós-graduação efetivados no SENAI-SP.

O que se apresenta no Brasil a partir do século XXI, é uma nova divisão internacional do trabalho, ou seja, uma separação entre o saber e o fazer, entre a concepção e a execução, o que denota a reestruturação produtiva que está a ocorrer no Brasil, caracterizada pelo abandono dos princípios fordistas e pela implementação de princípios toyotistas, sendo o sistema fordista de produção baseado principalmente no saber fazer, na execução, ou seja, trabalho material, e o sistema toyotista de produção baseado no saber conceber, aprender a aprender, ou seja, o trabalho imaterial.

> (...) assiste-se ao avanço de uma nova Divisão Internacional do Trabalho, que se fundamenta cada vez mais na separação entre a concepção e a execução laboral no interior do conjunto das atividades econômicas. Trata-se fundamentalmente da emergência do trabalho imaterial. (POCHMANN, 2012, p. 495)

Acompanhando essa nova divisão internacional do trabalho, é que aparece também, uma nova educação profissional, voltada para dirimir o novo analfabetismo. O analfabetismo que configurava o fordismo e o século XX, era o não saber a língua mãe, o ler e o escrever, entretanto, o tipo de analfabetismo que se presencia no século XXI, é o que Pochmann (2012, p.498) denomina de "analfabetismo funcional", o não saber manipular a informatização, não estando adaptado às novas tecnologias e à era da informação. Com a implantação maciça da automatização, robótica e eletrônica no mundo do trabalho, há a exigência de um trabalhador multifuncional, que não somente saiba desenvolver as atividades técnicas e pertinentes a sua área, mas que também saiba manipular a informatização que agora o circunda. Tais características, reportam a flexibilização do modelo de produção toyotista, que no caso do Brasil, não assume a forma toyotista do Japão, nem os princípios do toyotismo japonês inovados e transformados no Volvismo da Suiça em sua plenitude, pois ainda presencia-se uma incapacidade do Brasil em atender a todos estes princípios de maneira sistêmica, como coloca Pochmann (2012, p. 496)

Essa incapacidade, se dá principalmente por causa da relação que há entre os perfis ocupacionais e a crescente capacitação tecnológica. "Não pode haver dúvidas de que o novo desenvolvimento pressupõe papel à educação" (POCHMANN, 2012, p. 715). As empresas tentam se moldar ao novo regime de acumulação do capital *pós-fordista*, entretanto, falta ainda o motor propulsor, a mão de obra qualificada. Nesse sentido o Estado tem fomentado políticas educacionais principalmente na área do ensino profissionalizante, para dirimir essa ineficiência. Se tivéssemos um maior grau de escolarização da população brasileira, os princípios toyotistas já estariam efetivados em sua plenitude, e já poder-se-ia afirmar, que já houvera a consolidação desse regime no Brasil, o que ainda não há. Entretanto, as políticas educacionais efetivadas nos governos petistas têm propiciado grandes mudanças no que tange à oferta qualificada de trabalho e ao nível de escolaridade da população brasileira. O que se observa na transição do século XX para o início do século XXI, é que houve um crescimento da oferta qualificada de trabalho, principalmente entre as décadas de 1990 a 2000, como demonstra o gráfico 2:

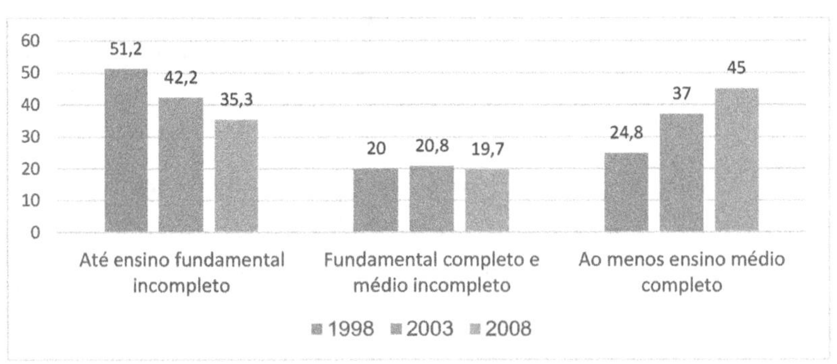

Fonte: (DIEESE, 2011, p.24) - DIEESE/Seade; MTE/FAT e convênios regionais. PED - Pesquisa de Emprego e Desemprego

O gráfico 2, divulga a PIA segundo o nível de instrução nos anos 1998, 2003 e 2008, perpassando assim pelos governos FHC E Lula. A População em Idade Ativa – (PIA), segundo o Departamento Intersindical de Estatística e Estudos Socioeconômicos - DIEESE (2011, p. 23), é:

> (...) um importante indicador da oferta potencial de trabalho, pelo segmento de inativos, e da oferta efetivamente existente, pelo segmento da população economicamente ativa (PEA), que, por sua vez, é composta por ocupados e desempregados.

Sendo assim, mediante o gráfico 2, verificamos que da década de 90, no governo FHC, para a 1º década do século XXI, no governo Lula, aumentou-se a oferta de trabalho nos segmentos mais escolarizados, exigindo-se assim, uma maior qualificação dos trabalhadores, o que coaduna com o novo modelo de gestão, o toyotismo, que tenta superar a crise do capital e que vem sendo implementado no Brasil a partir do governo FHC.

Esse processo de mudança na exigência de uma maior qualificação da força de trabalho, já tinha se iniciado a nível mundial, principalmente nos países membros da Organização para Cooperação e Desenvolvimento Econômico – OCDE, como impacto da reestruturação produtiva mundial que aconteceu após os anos 70, entretanto, no Brasil só se presencia essa exigência de uma maior qualificação da força de trabalho por parte do mercado, com uma maior visibilidade, somente no século XXI, a partir do governo Lula. Os dados da Organização Internacional do Trabalho – OIT, demonstram que após 1970 ocorre a substituição da força de trabalho menos qualificada, por uma mais qualificada:

> Entre 1970 e 1994, nos países membros da OCDE, o emprego industrial qualificado se manteve mais ou menos invariável, enquanto o emprego não qualificado na indústria decresceu em torno de 20%; constata-se, também, que ocorreu uma forte substituição de força de trabalho não qualificada por qualificada em toda a indústria. (OIT, 1999, p.38 *apud* FARIAS, 2001b, p.74)

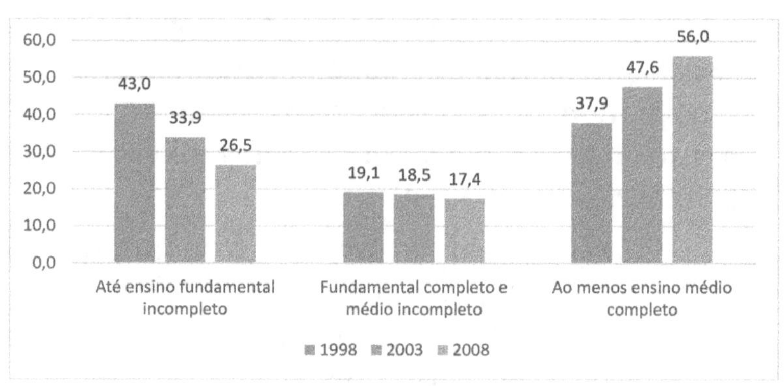

Fonte: (DIEESE, 2011, p. 28) - DIEESE/Seade; MTE/FAT e convênios regionais. PED - Pesquisa de Emprego e Desemprego

Já tendo observado no Gráfico 2, uma mudança efetiva em 10 anos no perfil da escolarização da PIA, constatamos também a partir do Gráfico 3, um aumento no nível de instrução da população ocupada. Constata-se que o número de ocupados que tinham ao menos ensino médio completo, subiu de 37,9% em 1998 para 56,0% em 2008, ao contrário do número de ocupados que tinham até o ensino fundamental incompleto, o qual caiu de 43,0% em 1998 para 26,5% em 2008. Ou seja, o que se presencia é uma inversão em uma década de posições referentes a exigências do nível de instrução por parte do mercado de trabalho.

Neste contexto, em meio a uma maior exigência do mercado de trabalho, presenciamos um aumento no gasto social federal na área da educação e a criação de políticas que fomentassem a expansão da educação profissional a nível técnico (médio) e tecnológico (superior), como podemos observar através do Gráfico 4.

Gráfico 4 - Trajetória do Gasto Social Federal, 1995 a 2010: Educação

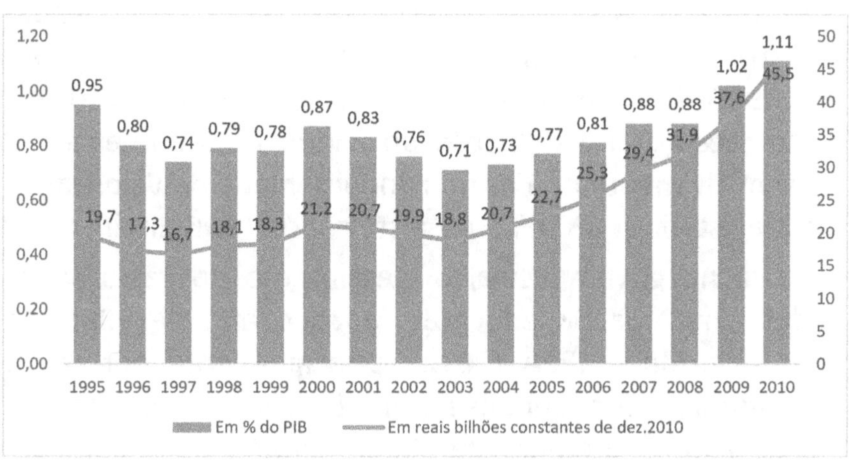

Fonte: Adaptado de IPEA (2012, p.19)

Pelo Gráfico 4, podemos acompanhar a trajetória do gasto social federal nos governos FHC e Lula, compreendidos respectivamente de 1995 a 2002 e 2003 a 2010, dados em bilhões constantes e quanto, em porcentagem, foi gasto do PIB. Percebemos, analisando o gráfico 4, que no governo FHC (1995 a 2002), **há flutuações nos gastos referentes a área da educação, obtendo uma queda nos anos 1996 e 1997, e uma alta levando em consideração os dados de 1995 somente no ano 2000, depois obtendo**

queda gradativa até 2002 no término do governo FHC. No Governo Lula (2003 a 2010) diferentemente do governo FHC, observa-se um crescimento constante, superando em 2009 com 1,02 % os 0,95% do PIB do ano de 1995 e chegando em 1,11 em 2010.

Segundo o IPEA (2012, p.19) "quase tão preocupante foi o caminho percorrido pelos recursos destinados à área de educação". Tal preocupação se dá pois mesmo em meio a inovações institucionais como a promulgação em 1996 da Lei de Diretrizes e Bases da Educação (LDB) e no mesmo ano a criação do **Fundo de Manutenção e Desenvolvimento do Ensino Fundamental e de Valorização do Magistério (FUNDEF)**, os gastos após 1996 diminuíram.

Já no governo Lula, o crescimento do gasto social federal na área da educação, após o ano de 2006, se deu segundo o IPEA (2012), principalmente por causa das medidas ocasionadas pela Emenda Constitucional 53 de 19 de dezembro de 2006, das quais pode se citar como principal, a substituição do FUNDEF pelo **Fundo de Manutenção e Desenvolvimento da Educação Básica e de Valorização dos Profissionais da Educação - FUNDEB**, "expandindo os valores da complementação da União aos recursos estaduais e municipais aplicados na educação básica, além do Plano Nacional de Educação - PNE que fomentou a reestruturação e expansão de instituições federais de ensino superior e tecnológico" (IPEA, 2012, p.19-20).

O PNE estabelece metas de gastos a serem efetivados em todos os níveis da educação por um período de uma década. Em parte do 1º governo Lula o PNE (2001 a 2010), projeto de Lei nº 10.172 de 9 de janeiro de 2001, que aprovado pelo congresso nacional determinou a elevação do percentual de gastos públicos em relação ao PIB, aplicados em educação, para atingir o mínimo de 7%. Tal projeto foi vetado pelo FHC em 2001, então presidente do Brasil, alegando impedimentos legais, constitucionais e limitados recursos financeiros, reduzindo assim os gastos públicos e priorizando o processo de acumulação do capital financeiro, demonstrando assim, ser o governo FHC um social-liberal voltado muito mais para o lado liberal, diferindo-se do Governo Lula que buscou o equilíbrio entre o liberal e o social.

O PNE (2001 a 2010) possuía como meta ampliar "a oferta de vagas no ensino superior para alcançar 30% dos jovens de 18 a 24 anos até o final da década". (MEC, 2012, p.13) O PNE (2011-2020) foi aprovado sem vetos pela presidente Dilma Rousseff, através da Lei 13.005, de 25 de junho de 2014, com a meta de ampliar o investimento público em educação pública de forma a atingir, no mínimo, o patamar de 7% (sete por cento) do Produto Interno Bruto - PIB do País no 5º (quinto) ano de vigência desta Lei e, no mínimo, o equivalente a 10% (dez por cento) do PIB ao final do decênio.

Boito Jr. (1999) preconiza que na década de 90 a política educacional brasileira era orientada a concentrar os gastos somente na educação básica, ou seja, concentrar os gastos num piso mínimo e reduzido de serviços excluindo assim, a educação pré-escolar, o primeiro grau, o aumento do número de centros tecnológicos de educação técnica e profissionalizante, de universidades e de escolas públicas. Essa foi a principal diferença entre o governo FHC e Lula, pois FHC voltou os gastos para a educação básica e Lula voltou os gastos para a educação profissional de nível técnica (médio) e educação profissional tecnológica (superior). Dessa forma, não era permitido a classe de baixa renda ter acesso ao conjunto do sistema escolar nos anos 90 (governo FHC), o que mudou na primeira década do século XXI no governo Lula.

Outra medida que propiciou o aumento da escolaridade e obtenção de qualificação profissional, foi o Decreto nº 5.154, de 23 de julho de 2004, o qual deu nova regulamentação aos artigos 39 a 41 da LDB, fazendo com que a Educação Profissional Técnica de Nível Médio pudesse ser oferecida nas formas integrada e concomitante ou subsequente, diferentemente de como era ofertada no governo FHC, de maneira absolutamente separada do Ensino Médio regular, expressa pelo Decreto nº 2.208, de 17 de abril de 1997. Essa mudança na forma de ofertar Educação Profissional Técnica de Nível Médio, deu margem para que houvesse um maior acesso e número de matriculas nessa modalidade de ensino no Governo Lula, como coloca Brandão (2010, p.99):

> a educação profissional técnica de nível médio oferecida de forma integrada e concomitante ou oferecida de forma subsequente, atualmente vigente, permite a ampliação das possibilidades de acesso à essa modalidade de ensino, significando, no limite, uma maior democratização da Educação.

Entretanto, ainda que no governo FHC, a educação técnica de nível médio fosse oferecida totalmente separada do ensino médio regular, a ponto de inibir um maior número de acesso a essa modalidade de ensino, a UNESCO/MEC preconiza que a LDB, expressa pelo Decreto nº 2.208, de 17 de abril de 1997:

> Trouxe, todavia, efeitos benéficos, além de ter propiciado o aumento da educação profissional técnica (14,5% entre 2003 e 2004, segundo dados preliminares do Instituto Nacional de Estudos e Pesquisas Educacionais Anísio Teixeira – INEP, do Ministério da Educação), acelerando o ritmo de expansão da educação profissional no País, que já tinha avançado 12,9% entre 2001 e 2003. No setor privado, cresceu 20,8%; no municipal, 11,9%; no estadual, 8,6%; e no federal, 1,4%. (CORDÃO, 2005 *apud* UNESCO, 2010, p.24)

A dualidade da educação prevista pela LDB no governo de FHC, que separava o ensino básico do ensino técnico profissionalizante, criava "obstáculos a entrada de estudantes trabalhadores à universidade" segundo Debrey (2003, p. 89). A mesma LDB, foi reestruturada no início da primeira década do século XXI no governo Lula, colocando a educação profissional técnica de nível médio em sua forma concomitante, a ligar o ensino básico ao ensino técnico profissionalizante.

O aumento da escolaridade a nível superior, foi efetivada também a partir do Programa Universidade para Todos – PROUNI, programa do Ministério da

Educação, que foi criado pelo Governo Federal em 2004 e institucionalizado pela Lei nº 11.096, em 13 de janeiro de 2005 (MEC, 2015). Segundo o MEC (2015) o PROUNI, visa "a concessão de bolsas de estudo integrais e parciais em cursos de graduação e sequenciais de formação específica, em instituições de ensino superior privadas"

O PROUNI atende a anseios e interesses do Estado, do Mercado e do Social. No âmbito do Estado, o programa visa o desenvolvimento do Governo Federal, com a promoção de desenvolvimento do país, no âmbito do mercado, as instituições educacionais, que aderem ao programa, possuem como benefício, a isenção de tributos, e no âmbito do Social, os cidadãos de baixa renda, por intermédio do programa, possuem chances de acesso à educação superior, fomentando assim, a democratização da educação superior brasileira, como discrimina os dados do MEC (2015): "desde sua criação até o processo seletivo do segundo semestre de 2014, mais de 1,4 milhão de estudantes, sendo 70% com bolsas integrais. Entretanto, verifica-se que o programa PROUNI, em suma, atende as expectativas das IES privadas, que reduzem seus gastos tributários, e promovem a sua expansão, atendendo a demanda que as IES públicas não conseguem atender.

Outro fator que contribuiu para o aumento da escolaridade, foi o Programa de Apoio a Planos de Reestruturação e Expansão das Universidades Federais – REUNI, que foi aprovado em abril de 2007 pelo decreto 6.096, com o objetivo de aumentar o número de vagas nas universidades federais no Brasil (MEC, 2012). Segundo o MEC (2012), já se observava antes mesmo da implementação do REUNI, o crescimento das vagas, totalizando 30 mil, entre 2003 e 2007, nos cursos de graduação presencial nos Institutos Federais de Ensino Superior – IFES, entretanto, o crescimento exponencial se deu no período de concepção e implementação do REUNI, que aconteceu de 2007 até 2011. Cabe ressaltar que os IFES, são instituições de educação mantidas pela união que constituem o sistema de instituições federais de ensino superior e a rede pública de ensino, compreendendo dessa forma, universidades federais, institutos federais de educação, ciência e tecnologia, além de outras entidades mantidas pela união e participantes do programa REUNI.

Esse crescimento no número de vagas de graduação presencial nas IFES, e consequentemente no número de formandos, fez aumentar o nível de escolaridade da população brasileira, como fruto da pressão dos homens de negócios e da nova filosofia toyotista fundada em um trabalhador com um alto nível de conhecimento e escolaridade, como podemos observar o que ressalta o MEC (2012, p.10):

> O Reuni é resultante da tentativa do governo de atender às reivindicações e anseios de diversas entidades da sociedade civil pela ampliação de oferta de vagas no ensino superior federal

O REUNI foi também um dos maiores contribuintes para a criação de novas Universidades Federais no Brasil, podendo se observar pelo Gráfico 5, que no governo FHC, no término do século XX, houve pouca criação de IFES, em relação aos governos petistas, averiguando-se assim, que no término do século XX, o Brasil já reestruturava a sua educação profissional para atender a exigencia de um nível maior de escolaridade do novo regime de acumulação toyotista, entretanto, ainda apresentando nesse periodo uma baixa qualificação da sua população. Nos governos petistas, a reestruturação na educação profissional continua com um maior aumento de universidades federais e consequentemente com o aumento do nível de escolaridade da população brasileira.

Gráfico 5 - Linha do tempo da criação das universidades federais

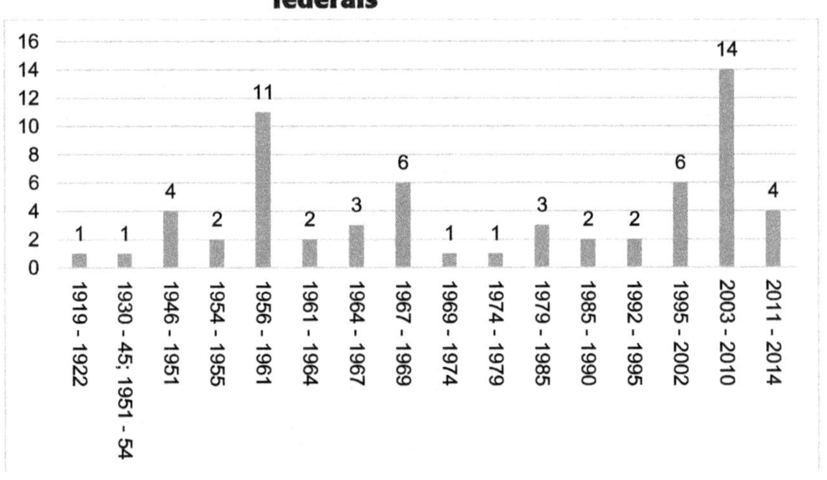

Fonte: adaptado de (MEC, 2012, p.25); CAPES/MEC

Tais políticas educacionais supracitadas adotadas no governo Lula, vieram a satisfazer as necessidades do novo regime de acumulação do capital que se fortifica no Brasil no século XXI, o toyotismo. A qualificação exigida pelo sistema toyotista de produção levou ao aumento do nível de escolarização no Brasil provocado pelo investimento em outros setores da educação, além da educação básica, fomentando assim, mais a educação profissional técnica de nível médio e tecnológico de graduação e pós-graduação.

Sendo assim, o governo Lula foi um governo populista que atendeu aos dois lados da moeda, ao social e ao mercado, configurando-se como um social-liberalismo, que segundo Boito Jr. (2003, p.2) "significaria a manutenção do modelo capitalista neoliberal combinado com um pouco mais de crescimento econômico e de políticas sociais compensatórias".

> O governo Lula – que poderia ter efetivamente iniciado o desmonte do neoliberalismo no Brasil – acabou tornando-se dele, inicialmente prisioneiro e, depois, lépido agente, ainda que sob a forma do social-liberalismo, incapaz de principiar a desestruturação dos pilares da dominação burguesa no Brasil. (ANTUNES, 2013, p.211)

4.2. GOVERNO DILMA

O Relatório Territorial do Brasil – 2013, elaborado pela Organização para a Cooperação e Desenvolvimento Econômico – OCDE, organização internacional que aceita os princípios da economia de livre comércio, criada inicialmente para gerir o Plano Marshall de reconstrução da Europa após a Segunda Guerra Mundial, descreve o objetivo da política de desenvolvimento regional para o

Brasil, o qual é:

Atender a todas as demandas dos territórios e coordenar as ações dos diferentes ministérios setoriais e outros atores, promovendo o crescimento de todos os territórios, atenuando as disparidades regionais e sociais. (OCDE, 2013, p.19)

A OCDE, afirma ter como objetivo, diminuir as disparidades regionais e sociais do Brasil, fomentando a criação de políticas públicas educacionais para solucionar um dos grandes problemas socioeconômicos do Brasil, a má distribuição de renda, sendo o Brasil o país com a segunda pior distribuição de renda do mundo (OCDE, 2013), como divulgado no Relatório Territorial Brasil 2013.

Diante dessa problemática, o Governo Federal tem tentado criar soluções através de políticas públicas com o intuito de sanar a miséria no Brasil. Nesse contexto, temos nos governos petistas de Lula e Dilma, políticas públicas voltadas para a qualificação profissional, com o intuito de diminuir o desemprego e gerar renda. Para isso foi criado o "Programa Bolsa Família" em 2003, no Governo Lula, que veio a integrar o "Plano Brasil Sem Miséria" (BSM) em 2011 no Governo de Dilma, com o objetivo de elevar a renda e as condições de bem-estar da população. Para que haja a promoção do bem-estar da população brasileira é necessário que haja: transferência de renda e acesso a serviços públicos, nas áreas de educação, saúde, assistência social, saneamento, energia elétrica, e inclusão produtiva. Sendo assim, o Plano Brasil Sem Miséria, propõe garantir a população brasileira mais pobre, maior acesso à água, luz, saúde, educação, emprego e moradia.

Na área da educação, o Plano Brasil Sem Miséria (BSM), em parceria com o Ministério da Educação (MEC), coordena a oferta de vagas de qualificação profissional através do Programa Nacional de Acesso Técnico e Emprego - PRONATEC, criado pela Lei nº 12.513/ 2011, com o objetivo de expandir, interiorizar e democratizar a oferta de cursos técnicos e profissionais de nível médio e cursos de formação inicial e continuada para trabalhadores. A meta do PRONATEC era de promover até 2014, o atendimento de 8 milhões de jovens brasileiros (CNI, 2013). Tal meta foi alcançada antes do término do segundo semestre do ano de 2014.

O PRONATEC parte do pressuposto que o oferecimento de educação profissional, promoverá qualificação profissional e irá suprir a demanda crescente de profissionais requisitados pela indústria e comércio brasileiro, diminuindo assim, o desemprego e consequentemente melhorando a distribuição de renda, o que diminuirá também a miséria. Tais pressupostos advêm do Banco Mundial, FMI e da OCDE a qual em seu Relatório Territorial para o Brasil – 2013, argumenta que "o Brasil tem desempenho particularmente medíocre no quesito capital humano" (OCDE, 2013, p.34). Farias (2001a, p. 69), advoga que os gestores do Banco Mundial e FMI:

Tal política educacional, apenas quer diminuir a falta de mão de obra qualificada que gera custos do trabalho para os donos do capital, já que a escassez de mão de obra qualificada pressiona os salários a crescerem. Com a falta de mão de obra qualificada, há o aumento do desemprego, que não se traduz na indisponibilidade de vagas de emprego, mas em vagas de emprego disponíveis no mercado de trabalho que não encontram profissionais qualificados. A grande oferta de empregos, com pouca oferta de mão de obra qualificada e uma grande massa desempregada de não qualificados, faz com que o poder de barganha dos trabalhadores qualificados no mercado fique maior, levando os trabalhadores qualificados a exigirem maiores salários, já que há muita demanda de trabalho e pouca oferta de trabalhadores qualificados. Sendo assim, maiores salários por sua vez geram maiores custos de produção para os donos do capital. O intuito de colocar a educação enfoque nos debates da CNI e a promoção de políticas educacionais pelo governo federal não é para diminuir o desemprego e aumentar renda dos trabalhadores brasileiros, mas pelo contrário, diminuir os custos com a folha de pagamento de salários e aumentar o lucro do capital. Na verdade com as políticas educacionais a exemplo do PRONATEC, serão 8 milhões de jovens desesperados pelo seu primeiro emprego, uma grande oferta de mão de obra no mercado que irá fazer com que os donos do capital tenham a possibilidade de pagar menores salários, pois com grande oferta de trabalhadores qualificados, os donos do capital poderão ditar o salário que irão pagar, e caberá ao trabalhador se sujeitar as condições estabelecidas pela lógica do capital se quiser sobreviver. As metas do capital viram assim as metas dos trabalhadores, como coloca Cardozo (2009, p.180):

> A política educacional brasileira pautada na Teoria do Capital Humano sofreu várias reformas após 1964, cujo objetivo era tentar estabelecer uma relação direta e imediata a até mesmo de subordinação à produção, ou seja, adequá-la às exigências do desenvolvimento econômico.

Entretanto, o PRONATEC só satisfaz a demanda de qualificação a nível técnico (médio) e observa-se cada vez mais no cenário do mundo do trabalho brasileiro, que as organizações precisam de mão de obra com uma qualificação de nível superior. A Pesquisa de Inovação – PINTEC, elaborada pelo Instituto Brasileiro de Geografia e Estatística - IBGE, com o apoio do Ministério da Ciência, Tecnologia e Inovação - MCTI, com base no triênio 2009-2011, divulgou que empresas com pessoas ocupadas nas atividades de Pesquisa e Desenvolvimento - P&D, como pesquisadores, técnicos e auxiliares, possuem níveis mais altos de qualificação, como exposto no gráfico 6:

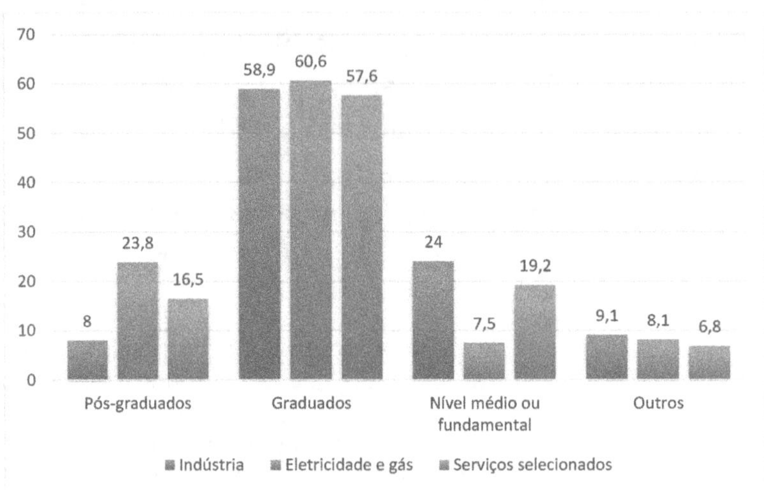

Fonte: adaptado de IBGE (2013, p.51)

Com base no gráfico, observamos que há uma proporção maior de ocupados nas atividades de P&D que possuem graduação em detrimento de outros níveis educacionais, chegando a 58,9 % no setor da indústria, 60,6 % no setor de eletricidade e gás, e 57,6 % no setor de serviços selecionados. Observamos assim, que nas atividades de P&D, ou seja, atividade voltadas ao fomento da inovação, um dos propulsores do toyotismo, há uma maior demanda por níveis superiores de qualificação, conforme podemos observar através dos dados disponibilizados pela PINTEC:

Analisando a partir do nível de qualificação, verifica-se que 69,2% das pessoas que trabalhavam com as atividades de P&D possuíam nível superior, 58,5% eram graduadas e 10,7% pós-graduadas. Das 71,5 mil pessoas ocupadas nas atividades de P&D que possuíam nível superior, 78,1% (55,8 mil pessoas) estavam ocupadas como pesquisadores. Do total de pesquisadores, 16,4% possuíam pós-graduação, enquanto este percentual foi de 17,2% para os pesquisadores com nível médio ou fundamental. Do pessoal ocupado como técnicos, 57,4% possuíam nível superior. (IBGE, 2013, p.51)

Com uma maior demanda do mercado por uma qualificação a nível superior e de pós-graduação, é que o PNE (2011-2020) aprovado sem vetos pela presidente Dilma Rousseff, através da Lei 13.005, de 25 de junho de 2014, possui como meta, aumentar matriculas na educação profissional técnica de nível médio e superior, conforme verificamos nas metas abaixo:

Meta 11: triplicar as matrículas da educação profissional técnica de nível médio, assegurando a qualidade da oferta e pelo menos 50% (cinquenta por cento) da expansão no segmento público. (MEC, 2014, p.39)

Meta 12: elevar a taxa bruta de matrícula na educação superior para 50% (cinquenta por cento) e a taxa líquida para 33% (trinta e três por cento) da população de 18 (dezoito) a 24 (vinte e quatro) anos, assegurada a qualidade da oferta e expansão para, pelo menos, 40% (quarenta por cento) das novas matrículas, no segmento público. (*Ibidem*, p.41)

Meta 13: elevar a qualidade da educação superior e ampliar a proporção de mestres e doutores do corpo docente em efetivo exercício no conjunto do sistema de educação superior para 75% (setenta e cinco por cento), sendo, do total, no mínimo, 35% (trinta e cinco por cento) doutores. (*Ibidem*, p.43)

Meta 14: elevar gradualmente o número de matrículas na pós-graduação stricto sensu, de modo a atingir a titulação anual de 60.000 (sessenta mil) mestres e 25.000 (vinte e cinco mil) doutores. (*Ibidem*, p.46)

Meta 16: formar, em nível de pós-graduação, 50% (cinquenta por cento) dos professores da educação básica, até o último ano de vigência deste PNE, e garantir a todos(as) os(as) profissionais da educação básica formação continuada em sua área de atuação, considerando as necessidades, demandas e contextualizações dos sistemas de ensino. (*Ibidem*, p.51)

Observamos assim, com políticas a exemplo do PRONATEC, dentre outras, que o governo Dilma atende às demandas do mercado e ao mesmo tempo satisfaz o social, configurando-se assim, em um Estado Liberal-Social, e que no século XXI, o mundo do trabalho demanda níveis superiores de educação, ou seja, uma nova educação.

4.3. A NOVA EDUCAÇÃO PROFISSIONAL BRASILEIRA NO SÉCULO XXI: UM ESTUDO DE CASO DO SERVIÇO NACIONAL DE APRENDIZAGEM INDUSTRIAL – SENAI.

Com o advento a partir dos anos 70 e consolidação nos anos 80 do regime de acumulação do capital toyotista, a educação passa a ser reformulada com fins de preparar o trabalhador para assumir o espirito Toyota, sendo assim, moldada às novas exigências do capital.

No caso brasileiro, nota-se uma grande introjeção dos princípios toyotistas de forma tardia somente a partir da década de 90, no século XX, tendo tais princípios, empreendidos com mais força, a partir do início do século XXI.

Observamos que o toyotismo pode ser visto como um sistema de produção ou como um regime de acumulação do capital. No Brasil ainda não se verifica a efetivação do toyotismo como um regime de acumulação do capital em sua plenitude, entretanto, observa-se a introjeção maciça dos princípios toyotistas nas empresas, ou seja, a presença forte do toyotismo como sistema de produção. Tal cenário, se estabelece a partir principalmente da forte passagem de um país com economia mais centrada no setor secundário (indústria e construção civil), para uma economia de setor terciário (serviços).

A transição entre setores econômicos, do sistema de produção fordista ao sistema toyotista, de uma produção rígida a uma flexível, demanda trabalhadores com um desenvolvimento de conhecimento e competências maiores.

> O taylorismo/fordismo, em transição ao paradigma toyotista de produção flexível, provoca demanda por uma outra educação profissional, em virtude das exigências de habilidades cognitivas, formação geral e abstrata, polivalência, integração e flexibilidade. (DEBREY, 2003, p.99)

Não bastaria somente aplicar nas empresas instaladas no Brasil, sejam elas nacionais ou internacionais, os princípios toyotistas, a exemplo, da polivalência, da flexibilidade, do *savoir-faire* e da multifuncionalidade, sem que os trabalhadores estejam moldados a tais sistemas. O objetivo da aplicação dos princípios toyotistas, que é principalmente reduzir os custos, seria frustrado por ter uma não aceitação dos trabalhadores a este sistema, como coloca Martins (2007, p.352): "a prática de tarefas múltiplas onde não existe a formação para a competência múltipla poderá resultar numa resistência tácita e em altos níveis não desejados de despedimento".

É nesse contexto, que verifica-se no Brasil, uma cobrança por parte dos homens de negócios, para que o Estado brasileiro crie políticas educacionais, que venham a aumentar o nível de escolaridade da população, pré-requisito para efetivação dos princípios toyotistas. E não só o aumento do nível de escolaridade, mas também competências múltiplas e pessoais, que façam do trabalhador, um ser muito mais cooperativo do que conflitivo.

Em 2010, a representante brasileira da Organização das Nações Unidas para a Educação, a Ciência e a Cultura - UNESCO/MEC, em comissão internacional sobre educação para o século XXI, lançou um relatório denominado 'Educação: um tesouro a descobrir', organizado por Jacques Delors. Em tal relatório, a UNESCO/MEC exprime a nova educação que está sendo exigida pelo mercado no Século XXI, não somente uma educação para a qualificação da força de trabalho, mas uma educação para gerar competências. Nestes termos, exprime Delors (2003, p.93):

> Na indústria especialmente para os operadores e os técnicos, o domínio do cognitivo e do informativo nos sistemas de produção, torna um pouco obsoleta a noção de qualificação profissional e leva a que se dê muita importância à competência pessoal

O termo qualificação profissional nos remete ao saber-fazer, o pré-requisito principal do fordismo. Ser qualificado significava saber-fazer na prática alguma tarefa, entretanto, com o novo cenário no mundo, e no Brasil, da era da informatização e do conhecimento, com o setor de serviços muito mais em voga, o saber-fazer, ou o somente ter uma qualificação profissional, não basta, é preciso ter competências pessoais que venham a suprir a demanda do mercado exigente por produtos e serviços inovadores, e um desenvolvimento cognitivo que venha a solucionar problemas que aparecem em meio as mutações constantes do mercado. Delors (2003, p. 94), discrimina que competências pessoais fazem parte da nova educação requisitada pelo mercado no Século XXI:

> Os empregadores substituem, cada vez mais, a exigência de uma qualificação ainda muito ligada, a seu ver, à ideia de competência material, pela exigência de uma competência que se apresenta como uma espécie de coquetel individual, combinando a qualificação, em sentido estrito, adquirida pela formação técnica e profissional, o comportamento social, a aptidão para o trabalho em equipe, a capacidade de iniciativa, o gosto pelo risco. (...) qualidades como a capacidade de se comunicar, de trabalhar com os outros, de gerir e de resolver conflitos, torna-se cada vez mais importantes. (DELORS, 2003, p.89)

O trabalhador que possui uma qualificação profissional, pode ser substituído por outro trabalhador que tenha a mesma qualificação, pois o ato de saber fazer, pode ser facilmente copiado por outro profissional, entretanto, competências pessoais, como o saber aprender a aprender, o saber ser e o saber conviver juntos, não se acham facilmente no mercado de trabalho. Por isso, há um novo perfil de trabalhador e um novo conceito de qualificação no século XXI, que segundo Leite (1995, p. 11 *apud* FRIGOTTO; CIAVATTA, 2006, p.196) vão:

além do simples domínio de habilidades motoras e disposição para cumprir ordens, incluindo também ampla formação geral e sólida base tecnológica. Não basta mais que o trabalhador saiba fazer; é preciso também conhecer e, acima de tudo, saber aprender.

Assim sendo, fala-se em sociedade do conhecimento, *learning organization*, aprendizagem organizacional e *Knowledge Based View* (KBV), para designar a nova gestão do conhecimento que está sendo feita pelas organizações, demandando assim, uma educação de novo gênero, voltada a educar o trabalhador a trabalhar em equipe e compartilhar conhecimentos.

No fordismo, não se desejava distribuir o conhecimento entre os trabalhadores no chão de fábrica, pelo contrário, o conhecimento organizacional, era restrito aos dirigentes da empresa, o que acontece de maneira inversa no toyotismo, onde o objetivo é difundir-se o conhecimento entre todos os trabalhadores, para que todos tenham competências para serem polivalentes e multifuncionais.

Em meio à acirrada concorrência, globalização e às contingências e turbulências do ambiente, as organizações têm que aprender a aprender, a solucionar os problemas impostos pelas variáveis que as pressionam, tais como, variáveis políticas, variáveis ambientais, variáveis econômicas, variáveis sociais e etc.

As soluções utilizadas para se dirimir ou reagir às variáveis ambientais, advêm da aprendizagem organizacional ou organização que aprende (*learning organization*), que por sua vez, provém dos colaboradores, dos grupos de trabalho e da interação entre estes. A aprendizagem organizacional é mais que simplesmente a soma da aprendizagem de seus colaboradores. Por isso, utiliza-se nas organizações uma ferramenta chamada *"brainstorming"*, que consiste na reunião de colaboradores de diversas áreas do conhecimento para proporem ideias que venham a resolver determinado problema exposto. Com conhecimentos, experiências, visões, percepções e interpretações diferentes acerca do problema exposto, os colaboradores geram a partir das diversas ideias e soluções propostas, conhecimento, que se torna um recurso valioso, pois nem sempre o mesmo pode ser adquirido por outras organizações concorrentes.

Estando as empresas brasileiras imersas nesse cenário de globalização e concorrência de mercados, as mesmas pressionam para que haja uma educação profissional, que eduque com objetivo de gerar competências que venham a levar o alunato a aprender a trabalhar em equipe, gerir grupos, ter um espirito de liderança, romper com o individualismo apregoado pelo liberalismo de Hayek e pelo fordismo, com sua especialização e mecanização, e apregoar agora, o coletivismo, de forma a promover a aprendizagem organizacional.

Dessa forma, a nova educação profissional brasileira do século XXI propõe não somente uma educação na escola, mas uma educação dentro da empresa, fora da empresa e da escola. Uma educação que é efetivada ao longo da vida. Por isso não basta somente saber-fazer, mas também saber interagir com o meio envolvente e com os outros trabalhadores, para poder extrair destes, as informações necessárias para gerar conhecimento, subsídio para a tomada de decisão. O conhecimento gerado a partir do que os indivíduos internalizam, do que se extrai do mundo exterior a empresa, é o que se designa de processo de cognição (MARTINS, 2007). Sendo assim, a aprendizagem organizacional, caracterizada pelo trabalho em equipe, partilha de informações e liderança com base em divisão de responsabilidades, possui princípios que são compatíveis com o modelo organizacional Toyota.

Nessa nova era da informatização e do conhecimento (aprendizagem organizacional) a UNESCO preconiza que a educação ao longo da vida, possui quatro pilares: "aprender a conhecer, aprender a fazer, aprender a viver juntos e aprender a ser" (DELORS, 2003, p.101), conforme figura 1:

Figura 1 – Os quatro pilares da educação ao longo da vida

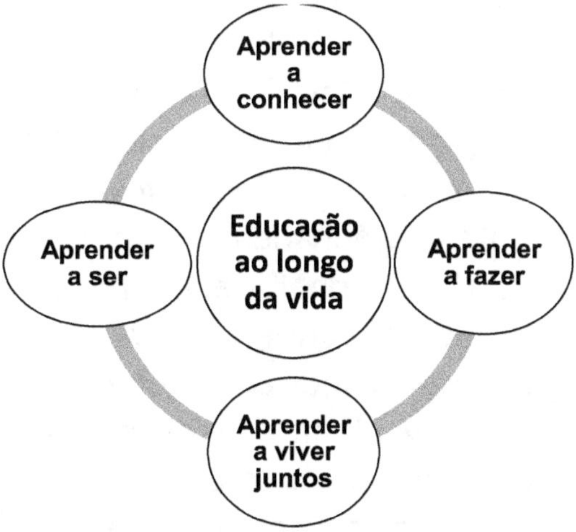

Fonte: Do autor.

O primeiro (1º) pilar, o aprender a conhecer, segundo Delors (2003), diz respeito ao aluno e futuro trabalhador, ter autonomia para discernir o conhecimento, ou seja, aprender a aprender em outras palavras. Saber separar somente o que é útil e proveitoso, em meio a massa de informações e conhecimentos jorrados todos os dias em uma velocidade exorbitante, não tendendo o aluno o querer de nem aprender tudo, nem especializar-se muito. Antes, deve manter o equilíbrio tendo um conhecimento especializado de uma pequena porção de várias coisas.

> Aprender a conhecer, combinando uma cultura geral, suficientemente ampla, com a possibilidade de estudar, em profundidade, um número reduzido de assuntos, ou seja: aprender a aprender, para beneficiar-se das oportunidades oferecidas pela educação ao longo da vida. (DELORS, 2010, p.31)

Verifica-se que, a fala preconizada por Delors, presidente da comissão internacional sobre educação para o século XXI, descrita em um relatório denominado, 'Educação: um tesouro a descobrir', lançado pela UNESCO/MEC no Brasil, coaduna com os princípios do toyotismo, tais como, polivalência, interdisciplinaridade, multifuncionalidade, aprendizagem organizacional, trabalho em grupo, dentre outros. O aprender a conhecer, leva o trabalhador a ter autonomia para pesquisar e ter o gosto por criar conhecimentos que venham a resolver os problemas das organizações, criando assim, a aprendizagem organizacional a partir da difusão de tais conhecimentos aplicados que deram certo. O aprender a conhecer leva à polivalência, interdisciplinaridade e multifuncionalidade, já que, com a busca de uma grande variedade de conhecimentos na sua forma geral, especializando-se em pequenos assuntos, o trabalhador tem competência para assumir diversas áreas, por deter vários conhecimentos. Sendo assim, é facilitado o trabalho em grupo, já que o não se fechar em somente uma área do conhecimento, abre uma janela para que o profissional possa estar aberto a novos conhecimentos, assim promovendo uma sinergia com os indivíduos do trabalho em grupo que são de outras áreas.

O segundo (2º) pilar da educação ao longo da vida é o aprender a fazer, que segundo Delors (2010, p. 31), tem o "fim de adquirir não só uma qualificação profissional, mas, de uma maneira mais abrangente, a competência que torna a pessoa apta a enfrentar numerosas situações e a trabalhar em equipe". O aprender a fazer supera o saber fazer do fordismo, mecânico e especializado em uma só função, e passa a ser o aprender a fazer em grupo, em equipe, o que corrobora com o princípio toyotista do layout em formato de 'U', onde os trabalhadores confeccionam produtos e prestam serviços, mas não de forma isolada, buscando o individualismo, mas em grupo, corrigindo em conjunto as falhas constatadas, e promovendo a aprendizagem coorporativa. "Aprender a fazer não pode, pois, continuar a ter o significado simples de preparar alguém para uma tarefa material bem determinada, para fazê-lo participar no fabrico de alguma coisa" (DELORS, 2003, p.93). Pelo contrário, a educação deve levar o aluno a um saber fazer evolutivo, adaptado as novas exigências do mercado e dos processos de cognição, assim dando subsídios para a consecução do capitalismo cognitivo, conceituado como:

> (...) uma forma histórica emergente de capitalismo na qual a acumulação, isto é, a dinâmica de transformação econômica e social da sociedade, está baseada na exploração sistemática do conhecimento e das informações novas. (PAULRÉ, 2001b, p. 10 *apud* FARIAS, 2003b, p.4)

O terceiro (3º) pilar da educação ao longo da vida difundido pela representante da UNESCO no Brasil é o aprender a conviver. O aprender a conviver denota o lado comportamental do trabalhador, muito mais valioso para o mercado de trabalho no século XXI, que propriamente o saber fazer fordista. O aprender a conviver, é saber que todos os indivíduos são subsistemas do sistema empresa, e que são interdependentes entre si. A empresa só alcançará o seu objetivo maior de reduzir custos e aumentar a sua lucratividade, se tiver um conjunto de subsistemas (trabalhadores) harmônico entre si, que promovem uma sinergia de cooperativismo, abortando todo conflito que em efeito dominó, leva a uma crise na relação entre o capital e a força de trabalho.

> Aprender a conviver, desenvolvendo a compreensão do outro e a percepção das interdependências – realizar projetos comuns e preparar-se para gerenciar conflitos – no respeito pelos valores do pluralismo, da compreensão mútua e da paz. (DELORS, 2010, p. 31)

"Podemos conceber uma educação capaz de evitar os conflitos, ou de os resolver, de maneira pacífica (...)?" (DELORS, 2003, p. 96-97). A resposta seria sim, se a educação do século XXI, fosse uma educação voltada a ensinar os alunos a aprender a conviver uns com os outros em paz, sem conflitos. Nesse sentido é que a educação brasileira no século XXI, tem focado em buscar gerar a competência do aprender a conviver no seu alunato. Todas as estratégias que fracassaram no fordismo, foram tentativas de pacificar as massas descontentes e insatisfeitas com a exploração do capital, por isso o fordismo dá lugar ao toyotismo, nova estratégia para promover a paz, uma convivência pacifica entre capital e força-de-trabalho.

O quarto (4º) pilar, é o aprender a ser. O aprender a ser preconiza que todos os indivíduos devem ter uma educação que lhe proporcione uma formação total, não somente de conhecimentos científicos e técnicos, mas também artísticos, estéticos, desportivos, espirituais, intelectuais, sociais, dentre outros. No mais, tais conhecimentos em diversas áreas, preparando o corpo e a mente, proporcionarão uma visão mais alargada de mundo ao indivíduo, promovendo no mesmo, autonomia de decisão e crítica. O aprender a ser nos reporta principalmente a proatividade exigida dos trabalhadores pelo espirito Toyota. Proatividade essa, que demanda autonomia do trabalhador para pensar ao seu modo, mediante as experiências que teve no âmbito artístico, cultural, filosófico, intelectual, profissional, familiar e etc. Pois a proatividade, uma das principais características do trabalhador no toyotismo, é a que promove a inovação, mudar o método de se fazer as coisas, para isso tendo o trabalhador, que possuir liberdade e iniciativa, ou seja, proatividade. "A diversidade das personalidades, a autonomia, e o espirito de iniciativa, até mesmo o gosto pela provocação, são os suportes da criatividade e da inovação". (DELORS, 2003, p.100)

O mercado do século XXI busca trabalhadores excepcionais, que não sejam levados à estandardização, ou uniformização dos seus comportamentos e pensamentos, mas que de forma proativa sejam diferentes, críticos, sempre buscando novas formas de fazer algo, o que leva a criação e inovação de produtos e serviços, necessários para o desenvolvimento e sobrevivência das grandes corporações no mercado mundial. A educação para formar a competência 'aprender a ser' no trabalhador, nesse contexto, deve fomentar a aprendizagem organizacional, que está relacionada:

> à capacidade de os grupos repensarem continuamente seus modelos mentais e competências existentes, questionando sua relevância para, caso contrário, desenvolver novas competências ou até mesmo um novo modelo de negócios. (MASCARENHAS, 2008, p.112)

Com base nesses pilares da nova educação para o século XXI, preconizados pela representante da UNESCO/MEC no Brasil, constatamos que tais princípios e pilares, aprender a conhecer, aprender a fazer, aprender a conviver e aprender a ser, são pré-requisitos para que o trabalhador seja moldado pela educação ao espirito Toyota, ou toyotismo.

Todos os quatro pilares da educação, preconizados pela UNESCO/MEC, estão relacionados com a filosofia toyotista, pois exige-se uma "qualificação de novo tipo, com base mais comportamental do que intelectual". (DELORS, 2003, p.95). Essa base comportamental, é que configura todos os quatro pilares da nova educação. Como descrito no relatório da UNESCO/MEC, 'Educação: um tesouro a descobrir', "a Comissão considera as políticas educacionais, um processo permanente de enriquecimento dos conhecimentos e dos *savoirfaire*" (DELORS, 2010, p. 6). A expressão francesa *savoir-faire,* quer dizer capacidade de se adaptar, de ser polivalente, ser proativo, de gerir e resolver conflitos, ser comunicativo, trabalhar em equipe, ter gosto pelo risco, em suma, se adaptar as novas tendências e exigências do mercado de trabalho, valores e competências que diferenciam um trabalhador do outro, fazendo-o excepcional. O *savoir-faire* exige muito mais um tipo de comportamento, do que um tipo de conhecimento do trabalhador.

Como prova da adaptação da educação brasileira a esses quatro pilares da educação ao longo da vida e mandamentos da UNESCO, a CNI, apontada por Frigotto (2003) como uma das grandes mentoras da veiculação da teoria do capital humano, com um rosto, agora, mais social, está a implementar e fomentar diversas modificações em suas ações e metodologias educativas.

A Confederação Nacional da Indústria - CNI, representante da indústria brasileira, setor que é responsável por um quarto da economia nacional, e responsável por um terço dos investimentos em pesquisa e desenvolvimento do país, é juntamente com a UNESCO/MEC uma das principais responsáveis pela difusão da teoria de capital humano no Brasil.

A CNI (2013) em seu Relatório Anual de 2012, afirma que a educação é o caminho para economia de alto crescimento, e divulgou que em pesquisa feita com 275 líderes empresariais de todo o país, entre novembro e dezembro de 2012, que a educação obteve nota 7,08, numa escala de zero a dez, como uma das temáticas mais importantes a serem abordadas, superando assim, temas como, Tributação (6,6), infraestrutura (6) e inovação (5,29).

A CNI, em pareceria com o sistema indústria e o governo, lançou em 2013 o programa "Educação para o Mundo do Trabalho" como estratégia para "se reposicionar em relação às demandas da indústria brasileira" (CNI, 2014, p.36). É claro, nesta citação da CNI, que a indústria brasileira e o mercado de trabalho, estão cobrando uma maior qualificação dos seus trabalhadores, assim querendo promover o aumento da escolaridade da população brasileira, a fim de se adaptar aos princípios toyotistas que em sua forma periférica, buscam sua consolidação no Brasil. Podemos perceber tais afirmações nos propósitos estabelecidos pelo programa, Educação para o Mundo do Trabalho, os quais são:

> ✓ adequação de currículos e projetos educacionais para aproximar os estudantes do ensino médio das escolas do Sistema Indústria e o mundo do trabalho;
>
> ✓ difusão do conhecimento e

desenvolvimento de competências de jovens de 18 a 24 anos que possuem ensino médio completo ou incompleto e estão fora da escola e do mercado de trabalho;

✓ aumento da escolaridade, educação continuada e aperfeiçoamento profissional para os trabalhadores da indústria. (CNI, 2014, p.36)

Este programa está remodelando também os educadores, trabalhadores da educação, que agora devem ser polivalentes, tendo a capacidade de ministrar diversos cursos, não se especializando somente em um curso ou em algumas disciplinas, mas buscando desenvolver competências em diversas áreas, assim estando aptos, ao novo modelo de educação por competências. Para isso, a CNI também criou a "Universidade Corporativa do Sistema Indústria (Unindústria)" (CNI, 2013, p. 37), com o objetivo de qualificar seus educadores a enfrentar os novos desafios da Industria Brasileira. Essa maior qualidade na prestação de serviços, que busca por maior qualificação do trabalhador, são características emanadas do toyotismo que agora estão mais em voga no Brasil.

Em conjunto com o programa, "Educação para o Mundo do Trabalho", o SENAI lançou em 2013 um livro denominado "Metodologia SENAI de Educação Profissional", onde afirma que "competência = conhecimentos (saber) + habilidades (saber fazer) + atitudes (saber ser)" (SENAI, 2013, p. 110), como podemos ver na figura 2:

Fonte: Adaptado de (SENAI, 2013, p. 110).

Dessa forma, verifica-se a adoção pelo SENAI dos 4 pilares da educação preconizados pela UNESCO, saber conhecer, saber fazer, saber ser e saber conviver, como forma de reestruturar a sua metodologia de educação profissional para adequá-la ao sistema de produção toyotista, que se mostra como um regime de acumulação de capital e que emergiu no Brasil nos anos 90 e está a se desenvolver no século XXI.

Para o SENAI, a formação por competência, visa capacitar o aluno/trabalhador a saber conhecer, saber fazer e saber ser. O saber conhecer, implica em ter conhecimentos, ou seja: "saberes relacionados a conceitos, teorias, procedimentos ou princípios necessários a um profissional e considerados essenciais ao desempenho de determinada função ou atividade". (SENAI, 2013, p.110)

Com a globalização e automatização dos processos industriais em meio ao crescimento e desenvolvimento da tecnologia, bases do nascimento do toyotismo, o conhecimento passa a ser muito mais exigido pelo mercado do trabalho, do que em tempos onde o trabalho era manual, como no fordismo. Tal contexto implica em uma reformulação da educação profissional, que deve se adequar ao novo meio onde o trabalhador será inserido, não mais em um ambiente onde no processo produtivo, a máquina é o homem, mas em um ambiente onde máquina e a informatização são a maior parte do processo produtivo, ou seja, o homem para manipular o processo produtivo tem que saber manipular a máquina e a informática. Esse novo cenário do pós-fordismo, toyotismo periférico no Brasil leva a uma alteração significativa no século XXI, no mundo do trabalho e da educação profissional brasileira, como discrimina o SENAI (2009, p. 9):

> As novas concepções demandadas pela moderna gestão empresarial, as necessidades criadas pela expansão tecnológica, o novo enfoque dado ao conhecimento que, hoje, é considerado um instrumento gerador de competitividade e produtividade organizacional, têm alterado de forma significativa o contexto do processo de trabalho, repercutindo diretamente no mundo da educação, especialmente na educação profissional.

O saber fazer, implica ter habilidades, ou seja:

"capacidades ou atributos adquiridos com a prática e que se relacionam com a percepção, a coordenação motora, a destreza manual e a capacidade intelectual, essenciais ao desempenho de uma atividade". (SENAI, 2013, p.110)

No Brasil do século XXI, um dos traços do fordismo que ainda se presencia no toyotismo é o saber fazer, o que leva a literatura a denominar o toyotismo de Neofordismo, fazendo alusão à questão: o toyotismo rompeu totalmente com o fordismo? Entretanto, o saber fazer no toyotismo periférico, que se apresenta no Brasil no século XXI, preconizado pela UNESCO em seus quatro pilares da educação para toda a vida e na metodologia SENAI de educação profissional, faz-se totalmente diferente do preconizado pelo fordismo. O saber fazer do fordismo era um fazer especializado, focado em uma parte do processo produtivo, diferentemente do toyotismo, onde fomenta-se que o trabalhador tenha a competência de saber fazer todas as atividades inerentes ao processo produtivo como um todo, assim levando o trabalhador a polivalência, interdisciplinaridade e multifuncionalidade, perfil esse do trabalhador exigido pelo toyotismo, e disseminado pelo SENAI e demais organizações educadoras. Ademais, o saber fazer no fordismo era isolado, diferente do saber fazer no toyotismo, que se faz interdependente do saber conhecer, do saber ser e do saber conviver juntos, como preconiza o SENAI (2009, p.15):

Observa-se, assim, uma tendência a redução do esforço físico e a um aumento de esforço intelectual, o que confere ao trabalho uma certa 'imaterialidade'. Portanto, o saber fazer, na perspectiva da formação com base em competências, não subsiste isoladamente, haja vista que compõe, junto ao demais saberes, um todo harmônico.

O saber ser, implica ter atitudes que: "refletem os sentimentos, as crenças e os valores que estão na base do comportamento" (SENAI, 2013, p.110). No mundo competitivo globalizado, o mercado do trabalho exige não mais como no fordismo, apenas a habilidade do saber fazer atrelada ao conhecimento técnico, mas principalmente com o advento do setor de serviços, o saber ser e conviver juntos, que implica em um comportamento diferenciado do trabalhador, da busca da qualidade no atendimento e na prestação de serviços, o que se configura em um dos pilares do toyotismo.

O comportamento do trabalhador, ou seja, o seu relacionamento interpessoal, respeito aos princípios éticos, a missão, visão e valores da empresa, são o que levam a manter a sinergia e um ambiente de trabalho produtivo, evitando-se assim, o marca-passo sistemático, o qual advogava Taylor, que todo trabalhador tinha um marca-passo natural, uma desmotivação para trabalhar, o qual denominou de marca-passo natural, entretanto, o marca-passo que mais Taylor buscava estratégias para evitar sua ocorrência, era o marca-passo sistemático, que era provocado pela influência de trabalhadores que não sabem conviver juntos e nem aprenderam a ser, ou seja, que disseminam suas insatisfações levando todos a murmurarem e crerem que estão sendo explorados pelo capital, o que desencadeia greves, improdutividade e perda de dividendos as organizações.

Diante desse cenário, o SENAI advoga princípios que norteiam a sua prática docente, a fim de criar nos seus alunos e futuras forças de trabalho do capital, competências que os moldem as exigências do sistema de produção toyotista periférico, que emerge no Brasil do século XXI, princípios estes, descritos na Figura 3.

Figura 3 – Princípios Norteadores da Prática Docente do SENAI

Fonte: Adaptado de SENAI (2013, p.113)

Os dez princípios, integração entre Teoria e Prática, Interdisciplinaridade, Aprendizagem Significativa, Incentivo ao Pensamento Criativo e à Inovação, Ênfase no aprender a aprender, Desenvolvimento de Capacidades, Aproximação ao Mundo do Trabalho, Mediação da Aprendizagem, Avaliação Diagnóstica, Formativa e Somativa, e Contextualização, são todas práticas docentes, que vão formar no aluno competências necessárias para interagirem com o sistema de produção toyotista.

(1) Integração entre Teoria e Prática – visa habilitar o aluno a "avaliar e explicitar caminhos e alternativas na resolução de problemas, além de possibilitar a transferência das aprendizagens no enfrentamento de situa**ções inusitadas e mais complexas**" (SENAI, 2013, p. 115). A automatização e as inovações tecnológicas cada vez mais presentes no setor industrial e de serviços brasileiro, **têm** exigido do trabalhador a flexibilidade de adaptação a novas situações e problemas, sendo tal princípio da prática docente do SENAI coerente com as necessidades que o toyotismo e o mercado do trabalho brasileiro preconizam.

(2) Interdisciplinaridade – "favorece a flexibilidade curricular, pois rompe com a visão fragmentada e contribui para o enriquecimento da prática pedagógica com o desenvolvimento de pesquisas e projetos integradores" (SENAI, 2013, p. 114). A interdisciplinaridade é uma das marcas do toyotismo que apregoa que o trabalhador tem que conhecer todo o processo produtivo, e ter a flexibilidade e competência de atuar em diversos setores e partes do processo de produção, para tanto, tendo que possuir conhecimentos interdisciplinares, ou seja, conhecimentos

que toquem em diversas áreas do conhecimento.

(3) Aprendizagem Significativa – visa "apoiar a realização de cada um e de todos no processo de desenvolvimento das competências" (SENAI, 2013, p. 115). Este princípio fomenta o trabalho em equipe e a aprendizagem organizacional, incutindo no aluno, que será o trabalhador do futuro, que o conhecimento deve ser difundido entre os demais trabalhadores na organização, e que **é** dever de cada um e de todos, desenvolver competências que corroborem com o crescimento da produtividade. A aprendizagem organizacional, o trabalho em equipe, a sinergia, a motivação, a sistematização, dentre outros, são ferramentas da aprendizagem significativa e do toyotismo.

(4) Incentivo ao Pensamento Criativo e à Inovação – visa "mobilizar a criatividade dos alunos estimulando o livre pensar, o interesse pelo novo, o pensamento divergente, a aceitação da dúvida como propulsora do pensar, a imaginação e o pensamento prospectivo" (SENAI, 2013, p. 115). Um dos pilares do toyotismo é a inovação, a qual garante a sobrevivência das empresas em um mundo competitivo e globalizado. Para que a inovação seja constante nas empresas seus trabalhadores precisam ter a mente aberta, ou seja, serem livres para criticar, divergir e querer mudar o jeito de fazer as coisas, tendo para isso, a educação, o papel de gerar tais competências nos alunos.

(5) **Ênfase no aprender a aprender** – visa mobilizar "no aluno a capacidade e a iniciativa de buscar por si mesmo, novos conhecimentos, favorecendo a curiosidade, a autonomia intelectual e a liberdade de expressão" (SENAI, 2013, p. 114). Diferentemente do fordismo, onde já era

prescrito ao trabalhador o que ele iria fazer e como fazer, no toyotismo o trabalhador tem que ter a competência e capacidade de aprender a aprender a inovar, fazer diferente, e buscar por si próprio, alternativas para resolver conflitos e problemas de caráter social ou técnico.

(6) Desenvolvimento de Capacidades – visa "transcender a reprodução de conteúdos e a automatização de técnicas, de forma a favorecer o desenvolvimento de capacidades que permitam ao aluno planejar, tomar decisões e realizar com autonomia determinadas atividades ou funções" (SENAI, 2013, p. 114). O desenvolvimento de capacidades faz alusão principalmente a gerar a competência no trabalhador da autonomia, da proatividade, de ter a iniciativa para gerar estratégias para aumentar a produtividade, o que **é uma das exigências também do** toyotismo.

(7) Aproximação ao Mundo do Trabalho – visa facilitar a "inserção profissional e da manutenção do trabalhador em atividade produtiva, pois favorece a compreensão das diferentes culturas do mundo do trabalho" (SENAI, 2013, p. 114). A educação profissional disseminada pelo SENAI, possui com este princípio, o objetivo de voltar o olhar do aluno para as necessidades do mundo do trabalho, provocando nestes, o ensejo de buscarem desde já, formas de incrementarem a produção, de forma a alcançar a produtividade.

(8) Mediação da Aprendizagem – intervenção intencional e contínua que o docente realiza para ajudar o aluno a desenvolver capacidades e construir conhecimentos" (SENAI, 2013, p. 114).

(9) Avaliação Diagnóstica, Formativa e Somativa – visa

"envolver os alunos na análise de seus desempenhos e na definição de objetivos e critérios da avaliação, favorecendo a avaliação mútua, o balanço da assimilação dos conhecimentos e a autoavaliação" (SENAI, 2013, p. 115). O Princípio da avaliação diagnóstica, formativa e somativa, adotada como prática docente no SENAI, visa treinar o aluno a engendrar e se acostumar com a avaliação por desempenho, de forma a incutir o espirito de competitividade e a busca por atingimento de metas, para propiciar a sua ascensão profissional e social. Dessa forma, este princípio é coeso e coerente com as ferramentas de alienação do toyotismo, utilizadas para motivar os seus empregados, por intermédio principalmente da avaliação de desempenho por competências.

(10) Contextualização – visa desenvolver e mobilizar no aluno "capacidades para solucionar problemas em contextos apropriados, de maneira a ser capaz de transferir essa capacidade futuramente para os contextos reais do mundo do trabalho (SENAI, 2013, p. 114).

Diante do que é exposto pelo SENAI como prática docente, verifica-se que os princípios e práticas docentes utilizados são estratégicas pedagógicas para moldar o aluno ao regime de acumulação do capital toyotista, e que se faz uma reestruturação até na prática docente, ou seja, na sua metodologia de ensino.

A metodologia de ensino da educação profissional no século XXI adquire outra forma da presenciada no fordismo, assume agora a forma de internalização (MÉSZÁROS, 2008), ou seja, as instituições de educação agora possuem o papel de internalizar, incutir, introjetar na mente do trabalhador a lógica do capital toyotista, fazendo com que se mantenha os padrões estabelecidos pelo sistema reprodutivo do capital, dirimindo conflitos e fazendo com que a violência contra o trabalhador seja evitada já que é uma "modalidade dispendiosa de imposição de valores, como de fato aconteceu no decurso do desenvolvimento capitalista moderno" (MÉSZÁROS, 2008, p.44). Sendo assim, o internalizar da educação passa a ter como meta, fazer com que o trabalhador seja dominado pelo capital sem se sentir dominado, pois a educação profissional faz com que a meta do capital, seja a meta do próprio trabalhador sob a lógica do capital, como advoga Mészáros (2008, p.44): "Aqui a questão crucial, sob o domínio do capital, é assegurar que cada indivíduo adote como suas próprias as metas de reprodução objetivamente possíveis do sistema."

Para internalizar os princípios toyotistas, o SENAI, se desfez da sua antiga metodologia, as Séries Metódicas Ocupacionais (SMOs), baseadas na análise ocupacional, que coadunavam com o sistema produtivo fordista, onde "os postos de trabalho requeriam profissionais com destrezas manuais fortemente treinadas, que pudessem executar com precisão determinada tarefa, sem acesso a todo o sistema de produção" (SENAI, 2013, p.13).

Com a transição do fordismo para o pós-fordismo, o mercado de trabalho do século XXI assumiu novas características divergentes das do século XX, as quais estão descritas na tabela 4:

Tabela 4 – Diferenças entre o mercado de trabalho do século XX e XXI

Século XX	Século XXI
Economias industriais	Economias de Serviços
Trabalho assalariado	Trabalho independente e informal
Trabalho material	Trabalho imaterial
Qualificação	Competência
Conhecimentos específicos	Conhecimentos gerais
Mão de obra barata e semiqualificada	Mão de obra cara e altamente qualificada
Individualismo	Coletivismo

Fonte: do autor

Essas novas características do mercado de trabalho do século XXI, ensejaram o SENAI, a mudar a sua metodologia educacional que atendia aos anseios do fordismo para uma educação que pudesse internalizar agora, os princípios toyotistas.

> A partir desse entendimento, as SMOs mostraram-se insuficientes para dar conta integralmente dessas novas demandas, tornando-se necessários novos métodos e concepção de educação profissional que superassem o foco na execução de uma determinada tarefa, pois a indústria passou a requerer um profissional com maior autonomia. (SENAI, 2013, p.15)

CONSIDERAÇÕES FINAIS

A reestruturação produtiva que consistiu na mudança do sistema de produção fordista para o toyotista, e de um Estado de Bem-Estar Social que priorizava o pleno emprego, para um Estado que prioriza a Empregabilidade, aconteceu a nível mundial nos anos 70, entretanto, somente nos anos 90 o Brasil passa a dar os primeiros passos para realizar a sua reestruturação. O país na década de 90 ainda com uma indústria de base fordista de caráter periférico, possuía uma mão de obra com pouca qualificação e um baixo nível de escolaridade. No fim da década de 90 com várias reformas empreendidas no governo de FHC, tendo como as principais, o PLANFOR e a LDB, o nível de escolaridade da população cresceu gradativamente, mas ainda com baixo contingente da população brasileira possuindo graduação e pós-graduação, tendo o governo FHC focado mais na educação básica.

No início do século XXI, o nível de escolaridade da população brasileira cresceu ainda mais com a consecução de políticas que fomentavam a educação profissional tecnológica de nível médio, superior e de pós-graduação. Todas essas iniciativas do Estado foram para propiciar uma adequação da mão de obra brasileira ao novo regime de acumulação do capital toyotista. O Brasil, dentro do contexto da internacionalização do capital e da globalização, atende aos mandamentos de organizações internacionais como a OIT, BIRD, UNESCO, OCDE, etc., e passa com a ajuda de organismos nacionais, tais como, FIESP, SENAI, CNI, UNESCO/MEC, dentre outros, a preconizar a teoria do capital humano com um rosto agora mais social, colocando a educação profissional como a solução para as mazelas sociais e econômicas do Brasil, quando a ideologia, é apenas garantir que as grandes empresas internacionais tenham mão de obra moldada aos princípios toyotistas e que as políticas educacionais possam ser financiadas por organismos internacionais, como podemos citar o financiamento do programa capacitação solidária pelo Banco Interamericano de Desenvolvimento - BID:

> O IDB financiou o programa "Capacitação Solidária" que promove a empregabilidade de jovens através de projetos de treinamento profissional para aqueles com baixo nível de escolaridade e renda. Em parceria com o IDB, o Ministério da Educação implementou o programa "Expansão da Educação Profissional" (PROEP) o qual tem por objetivo atingir educação universal oferecida ao setor produtivo assim como
>
> a sua expansão, modernização, melhoria da qualidade e treinamento profissional continuado em todo o país. (KASSOUF *et al.*, 2004, p. 91)

Políticas executadas nos governos do Partido dos Trabalhadores – PT, tais como, FIES, PRONATEC, REUNI, PROUNI, dentre outras, expandiram o acesso ao ensino profissional de nível técnico, de nível superior, e de Pós-graduação, propiciando o aumento do nível de escolaridade dos brasileiros, entretanto, a história parece se repetir no

Brasil, assim como aconteceu nos Estados Unidos. O alto nível de escolaridade dos trabalhadores Estadunidenses visto na transição gradativa do fordismo para toyotismo nos Estados Unidos da América, não servia para ser aplicado nas atividades industriais, já que a indústria ainda não tinha se automatizado extremamente, e o grande nível de qualificação dos trabalhadores era apenas exigido como pré-requisito para seleção pelas empresas. No Brasil do século XXI, está a acontecer a mesma situação, em algumas regiões do país e como um todo, por não se ter um setor industrial ainda tão automatizado como em países desenvolvidos, tem-se um grande contingente de cidadãos com altos níveis de escolaridade, entretanto, as vagas de emprego disponibilizadas não exigem tal qualificação, tal exigência apenas é um critério para seleção e contratação de profissionais pelas indústrias.

Outro fator observado é a questão: até quando o Brasil terá condições de sustentar os investimentos efetuados em políticas educacionais? Será que o país terá o mesmo desfecho que houve em países onde a política de Bem-Estar Social foi adotada? Com o Estado não tendo mais condições de sustentar as políticas sociais efetivadas, levando assim a crise de tal regime político?

Ainda que o nível de instrução da população brasileira tenha crescido, ainda há a necessidade de moldar os trabalhadores à metodologia toyotista de produção. Por isso, verifica-se a UNESCO preconizando que a educação deve ter quatro pilares, o saber conhecer, o saber fazer, o saber ser e o saber conviver, competências que devem ser geradas nos alunos, futuros trabalhadores e molas propulsoras do sistema toyotista de produção no Brasil. Verifica-se, nesse sentido, o alinhamento do SENAI, uma das maiores instituições de educação profissional da América Latina, a esses pilares, assim adotando os mandamentos da UNESCO/MEC, modelando a sua metodologia de educação profissional de forma a atender os pré-requisitos do sistema Toyota de produção em sua forma periférica que emerge no Brasil. Os pilares da educação difundidos pela UNESCO, estão sendo adotados pela CNI e SENAI, prescritos no seu livro, Metodologia SENAI de educação profissional, fazendo com que a prática docente do SENAI seja voltada para criar trabalhadores polivalentes, interdisciplinares, multifuncionais, proativos, que fomentem a aprendizagem organizacional, com a competência da autoaprendizagem, perfil esse, necessário ao trabalhador do sistema de produção toyotista.

Sendo assim, constata-se no século XXI, uma nova educação profissional voltada a atender o mundo do trabalho brasileiro que se reestrutura com a adoção de ferramentas do sistema de produção toyotista, educação essa, que é difundida principalmente por intermédio do Sistema S: Serviço Social da Indústria - SESI, Serviço Nacional de Aprendizagem Industrial - SENAI, Serviço Social do Comércio - SESC, Serviço Nacional de Aprendizagem do Comércio-SENAC, Serviço Nacional de Aprendizagem Rural - SENAR, Serviço Nacional de Aprendizagem do Cooperativismo - SESCOOP e Serviço Social de Transporte - SEST.

Este trabalho ajudou a corroborar com a resolução das hipóteses, constatando que está a surgir atualmente no Brasil, uma nova educação profissional, como fruto das exigências do regime toyotista de acumulação do capital, que emerge no país. E que a educação profissional esteve condicionada ao regime de acumulação do capital fordista e pós-fordista, tendo o Estado como regulador do mercado, no sentido de promover a acumulação do capital, usando ferramentas como, a relação salarial, a insegurança do emprego e a disciplina do trabalho, para condicionar a força de trabalho a servir aos regimes de acumulação do capital.

Entretanto, este trabalho possui algumas limitações, dentre as quais podemos destacar, o fato de tomar-se como base referencial para testar as hipóteses, somente o Serviço Nacional de Aprendizagem Industrial – SENAI, como instituição educacional que declara reestruturar sua metodologia de educação para atender aos princípios do toyotismo. Podendo assim, em trabalhos futuros verificar se os Institutos Federais de Educação, Ciência e Tecnologia, e as Universidades Federais, bem como outras IFES, também estão reestruturando suas metodologias de educação profissional e suas práticas docentes a fim de atender ao espírito Toyota.

No mais, este trabalho não esgotando o debate aqui travado, enseja que trabalhos futuros sejam efetivados, a fim de ampliar as respostas dadas as questões aqui debatidas, no que tange aos assuntos tratados, tais como: fordismo; pós-fordismo; sistema de produção; regime de acumulação do capital; toyotismo; Estado de Bem-Estar Social; pleno emprego; empregabilidade; políticas keneysianas, regulação, sociedade salarial dentre outras.

REFERÊNCIAS

ALVES, Giovanni. Trabalho, corpo e subjetividade: toyotismo e formas de precariedade no capitalismo global. **Trabalho, Educação e Saúde**, v.3 n.2 , p.409 - 428 , 2005.

__________. Trabalho e desigualdade social na reestruturação capitalista: um balanço da "década neoliberal" no Brasil. **Revista de Políticas Públicas**/Universidade Federal do Maranhão, Unidade de Pós-Graduação em Ciências Sociais, Programa de Pós-Graduação em Políticas Públicas. São Luís, v. 7, n. 2, jul./dez. 2003.

__________. Trabalho e sindicalismo no Brasil: um balanço crítico da "década neoliberal" (1990-2000). **Rev. Sociol. Polít.**, Curitiba, 19, p. 71-94, nov. 2002.

__________. O espírito do toyotismo - reestruturação produtiva e "captura" da subjetividade do trabalho no capitalismo global. Confluências - **Revista Interdisciplinar de Sociologia e Direito**, Vol. 10, n ° 1, 2008- pp. 9 a 121.

ANTUNES, Ricardo. Inglaterra e Brasil: duas rotas do social-liberalismo. **Currículo sem Fronteiras**, v. 13, n. 2, p. 204-212, maio/ago. 2013.

ARIENTI, Wagner Leal. Do Estado Keynesiano ao Estado Schumpeteriano. **Revista de economia política**, vol. 23, nº 4 (92), out./dez. 2003.

BOITO JR. Armando. A hegemonia Neoliberal no Governo Lula. In: Artigo publicado na **revista Crítica Marxista**, n.17, Rio de Janeiro, Editora Revan, 2003.

__________. Armando. **Política Neoliberal e Sindicalismo no Brasil.**1ª edição. São Paulo, Xamã, 1999.

BRASIL. **Lei nº 11.741**, de 16 de **julho de 2008.** Dispõe sobre as diretrizes e bases da educação nacional. Brasília, DF, 2008. Disponível em: < http://www.planalto.gov.br/ccivil_03/_Ato2007-2010/2008/Lei/L11741.htm#art2> Acesso: 01 de nov. 2014.

BRANDÃO, Carlos da Fonseca, 1995 – **LDB passa a passo:** Lei de diretrizes e bases da educação nacional, Lei n° 9.394/96 comentada e interpretada, artigo por artigo. 4. ed. rev. e ampl. – São Paulo: Avercamp, 2010.

BRAVERMAN, Harry. **Trabalho e capital monopolista:** a degradação do trabalho no Século XX. 7 ed. Rio de Janeiro: LTC, 2012. 379p.

BRESSER-PEREIRA. Luiz Carlos. Uma nova gestão para um novo Estado: liberal, social e republicano. **Revista do Serviço Público**, 52 (1), janeiro 2001: 5-24. The 2001 John L. Manion Lecture, Ottawa, Canadá.

BRUNHOFF, Suzanne de. **Estado e Capital**: uma análise da política econômica. Tradução de Denise Cabral e Carlos de Oliveira. – Rio de Janeiro: Forense Universitária, 1985.

BULHÕES, Maria da Graça Pinto. Plano nacional de qualificação do trabalhador – PLANFOR: acertos, limites e desafios vistos do extremo sul. **São Paulo em Perspectiva**, 18(4): 39-49, 2004.

CARDOZO, Maria José Pires Barros. As transformações no sistema global do capital e os impactos na política educacional brasileira. In: COUTINHO, Adelaide Ferreira (Org.). **Reflexões sobre Políticas Educacionais no Brasil:** consensos e dissensos sobre a educação pública/ Adelaide Ferreira Coutinho (Organizadora) – São Luís: EDUFMA, 2009.

CASTEL, Robert, **As metamorfoses da questão social: uma crônica do salário.** Tradução de Iraci D. Poleti. 8. Ed. Petrópolis, RJ: Vozes, 2009.

CLARKE, Simon. Crise do fordismo ou crise da social-democracia?. **Lua Nova: Revista de Cultura e Política** [online]. n.24, pp. 117-150. ISSN 0102-6445 – setembro, 1991.

CORIAT, Benjamin. **Pensar pelo avesso**: o modelo japonês de trabalho e organização. Tradução de Emerson S. da Silva. – Rio de Janeiro: Revan: UFRJ, 1994. 212p.

CNI. Confederação Nacional da Indústria. **Relatório anual 2012**. – Brasília : CNI, 2013. 56 p.

__________. **Plano estratégico do sistema indústria 2006-2010** / CNI. – Brasília : 2006. 126 p. : il.

__________. **Relatório de sustentabilidade** – Brasília: CNI, 2014. 52 p. : il.

DEBREY, Carlos. **A lógica do capital na educação brasileira**: a reforma na educação profissional (1990-2000) / Goiânia: Alternativa; Ed. Da UCG, 2003.141p.

DELORS, Jacques. **Educação: um tesouro a descobrir**. 2ed. São Paulo: Cortez, Brasília, DF: MEC/UNESCO, 2003.

__________. (Coord.). **Educação: um tesouro a descobrir**: Relatório para a UNESCO da Comissão Internacional sobre Educação para o Século XXI. Brasília, UNESCO/MEC, Julho: 2010.

DIEESE. **Qualificação Profissional e Mercado de Trabalho**: reflexões e ensaios metodológicos construídos a partir da Pesquisa de Emprego e Desemprego / Departamento Intersindical de Estatística e Estudos Socioeconômicos. – São Paulo: DIEESE, 2011.

FARIAS, Flávio Bezerra de. "Utopias pós-marxistas ocidentais sobre o Estado globalizado", **Revista Outubro**, nº 11, Instituto de Estudos Socialistas, São Paulo, 2004. p.93)

__________. A Economia Política do Financeiro. **Revista de Políticas Públicas**/Universidade Federal do Maranhão, Unidade de Pós-Graduação em Ciências Sociais, Programa de Pós-Graduação em Políticas Públicas. São Luís, v. 7, n. 2, jul/dez 2003b.

__________. **A Globalização e o estado cosmopolita**: as

antinomias de Jürgen Habermas. São Paulo, Cortez, 2001a. (Coleção questões da nossa época; v.83) 119p.

__________. Na direção de uma nova economia: para a crítica ao social-liberalismo brasileiro. **Outubro/Revista do Instituto de Estudos Socialistas**, n. 9, 2003a.

__________. **O Estado Capitalista Contemporâneo**: para a crítica das visões regulacionistas. São Paulo: Cortez, 2001b. (Coleção Questões da Nossa Época; v.73)

FIORI, Jóse Luís. Estado de Bem-Estar Social: Padrões e Crises. **PHYSIS: Ver. Saúde Coletiva**, Rio de Janeiro, 7(2): 129 -147, 1997.

FRIGOTTO, Gaudêncio. ANOS 1980 E 1990: A relação entre o estrutural e o conjuntural e as políticas de educação tecnológica e profissional. In: FRIGOTTO, Gaudêncio; CIAVATTA, Maria. **A formação do cidadão produtivo**: a cultura de mercado no ensino médio técnico / Organizado por: Gaudêncio Frigotto e Maria Ciavatta. – Brasília: Instituto Nacional de Estudos e Pesquisas Educacionais Anísio Teixeira, 2006. 372 p. : il.

__________. **Educação e a crise do capitalismo real**. 5.ed. São Paulo: Cortez, 2003. 231p.

FRIGOTTO, Gaudêncio; CIAVATTA, Maria. **A formação do cidadão produtivo**: a cultura de mercado no ensino médio técnico / Organizado por: Gaudêncio Frigotto e Maria Ciavatta. – Brasília: Instituto Nacional de Estudos e Pesquisas Educacionais Anísio Teixeira, 2006. 372 p. : il.

GOMES, Zoraide Bezerra; LOURENÇO, André Luiz Cabral de. O Estado como empregador de última instância: uma proposta de pleno emprego, estabilidade e condições dignas de trabalho para o Brasil. **Economia e Sociedade**, Campinas, v. 21, n. 3 (46), p. 485-519, dez. 2012.

GRAMSCI, Antonio. **Americanismo e fordismo**. Quaderni del cárcere. Tradução Gabriel Bogossian. Notas Alvaro Bianchi. – São Paulo: Hedra: 2010.

HANDFAS, Anita. DÉCADA DE 1990: A reestruturação produtiva do trabalhador e a educação do trabalhador. **In: FRIGOTTO, Gaudêncio; CIAVATTA, Maria**. A formação do cidadão produtivo: a cultura de mercado no ensino médio técnico / Organizado por: Gaudêncio Frigotto e Maria Ciavatta. – Brasília : Instituto Nacional de Estudos e Pesquisas Educacionais Anísio Teixeira, 2006. 372 p. : il.

HARVEY, David. **Condição Pós-moderna**: uma pesquisa sobre as origens a mudança cultural. 20° edição. Edições Loyola, São Paulo, Brasil, 2010.

HAYEK, F.A. **O caminho da servidão**/ F.A. Hayek. – São Paulo: Instituto Ludwig Von Mises Brasil, 2010.

IBGE. **Pesquisa de inovação – PINTEC - 2011**. IBGE, Rio de Janeiro, 2013.

IPEA. **Gasto social federal**: prioridade macroeconômica no período 1995 -2010, Nota técnica 9, Brasília, Setembro: 2012.

__________. **Programa Bolsa Família**: uma década de inclusão e cidadania: Sumário executivo / organizadores: Tereza Campello, Marcelo Côrtes Neri. – Brasília :2014. 87 p. : gráfs., mapas.)

KASSOUF, Ana Lúcia; NUNES de ALMEIDA, Alexandre; PONTILI, Rosangela Maria; RODRIGUES, Ferro Andrea. **Análise das políticas e programas sociais no Brasil**. Brasília, OIT / Programa IPEC América do Sul, 2004. 108 p. (ISBN: 92-2-815624-4 – versão web)

LEITE, Marcia de Paula; POSTHUMA, e Anne Caroline. Reestruturação produtiva e qualificação: reflexões sobre a experiência brasileira. **São Paulo em Perspectiva**, 10(1) 1996.

LIPIETZ, Alain. A ecologia política e o futuro do marxismo. **Ambiente & Sociedade** - Vol. V - no 2 - ago./dez. 2002 - Vol. VI - no 1 - jan./jul. 2003.

MARTINS, António. **Introdução à Gestão de Organizações**. Vida Econômica, Editorial SA, 2° edição, Várzea – Barcelos - Portugal,

2007.

MARX, Karl. **O Capital**: Crítica da Economia Política. Tradução de Régis Barbosa e Flávio R. Kothe. Vol. I, Tomo I. São Paulo: Abril Cultural, 1983. 255p.

__________. **O Capital**: Crítica da Economia Política Tradução de Régis Barbosa e Flávio R. Kothe. Vol. I, Tomo 2. São, Paulo: Abril Cultural, 1984. 259p.

MAXIMIANO, A. C. Amaru. **Teoria Geral da Administração:** da revolução urbana à revolução digital. São Paulo: Atlas, 2006.

MEC. **Análise sobre a Expansão das Universidades Federais 2003 a 2012**. Brasília, 2012. Disponível em:<http://portal.mec.gov.br/index.php?option=com_docman&task=doc_download&gid=12386&Itemid=>.Acesso em: setembro de 2014.

__________. Ministério da Educação. **O programa**. Disponível em: < http://prouniportal.mec.gov.br/o-programa>. Acesso em: fev. de 2015.

__________. **Planejando a Próxima Década:** Conhecendo as 20 Metas do Plano Nacional de Educação. MEC/SASE, 2014. Disponível em:<http://pne.mec.gov.br/images/pdf/pne_conhecendo_20_metas.pdf >.acesso em: Fev. de 2015.

MÉSZÁROS, ISTVÁN. **A educação para além do capital**. 2 ed. São Paulo: Boitempo, 2008. 126p.

OCDE (2013), **Relatório Territorial da OCDE**: Brasil, 2013, OCDE *Publishing*. <http://dx.doi.org/10.1787/9789264189058-pt> 231p.

OIT. **A OIT no Brasil: trabalho decente para uma vida digna.** Disponível em: <http://www.oitbrasil.org.br/sites/default/files/topic/gender/pub/oit%20no%20brasil_folder_809.pdf> Acesso em: Março de 2015.

POCHMANN, Marcio. Brasil: segunda grande transformação

no trabalho?. **Estudos Avançados**. [online]. vol.28, n.81, pp. 23-38. ISSN 0103-4014. 2014 <http://dx.doi.org/10.1590/S0103-40142014000200003>.

__________. Proteção social na periferia do capitalismo: considerações sobre o Brasil. **S**ão Paulo em Perspectiva, 18(2): 3-16, 2004.

__________. Trabalho e Formação. **Educ. Real.**, Porto Alegre, v. 37, n. 2, p. 491-508, maio/ago. 2012.

REVELLI, Marco; DESTRE, Le Due; BORINGHIERI, Bollati. **Oito hipóteses sobre o pós-fordismo**. Torino, 1996. Disponível em <http://www.oocities.org/autonomiabvr/8hip.html> Acesso em: 24 fev. de 2015.

SENAI. Departamento Nacional. **Metodologias SENAI para formação profissional com base em competências**: norteador da prática pedagógica /SENAI/DN. – 3. ed. – Brasília, 2009.107p.

__________. Departamento Nacional. **Metodologia SENAI de educação profissional**. Brasília: SENAI/DN, 2013. 220 p.

SILVA, Romildo dos Santos. Automação, Taylorismo-Fordismo e qualificação para o trabalho: o "apego de Benjamin Coriat aos "grilhões" do processo de trabalho taylorista-fordista. In: COUTINHO, Adelaide Ferreira (Org.). **Reflexões sobre Políticas Educacionais no Brasil:** consensos e dissensos sobre a educação pública/ Adelaide Ferreira Coutinho (Organizadora) – São Luís: EDUFMA, 2009.

SMITH, Adam, 1723-1790. **A riqueza das nações:** investigação sobre sua natureza e suas causas / Adam Smith; com a introdução de Edwin Cannan; apresentação de Winston Fritsh; Tradução de Luiz João Baraúna. – São Paulo: Abril Cultural, 1983. (Os economistas) Volume I.

TENÓRIO, Fernando G. A unidade dos contrários: fordismo e pós-fordismo. **Revista de Administração Pública**– Rio de Janeiro 45(4):1141-172, jul./ago. 2011.

TEIXEIRA, Francisco J. S. OLIVEIRA, Manfredo Araujo de.

(Orgs.). **Neoliberalismo e reestruturação produtiva**: as novas determinações do mundo do trabalho. – 2. Ed. – São Paulo: Cortez; Fortaleza: Universidade Estadual do Ceará, 1998.

UNESCO. **Ensino médio e educação profissional**: desafios da integração / organizado por Marilza Regattieri e Jane Margareth Castro. – 2.ed – Brasília : UNESCO, 2010. 270 p.

VEIGA, José Eli da. O fordismo na acepção regulacionista. **Revista de Economia Política**, vol. 17, nº 3 (67), jul./set.1997.

WAIZBORT, Leopoldo. Classe social, Estado e ideologia. **Tempo Social; Rev. Sociol**. USP, S. Paulo, 10(1): 65-81, maio de 1998.

Mestre em Desenvolvimento Socioeconômico, Especialista em Controladoria e Graduado em Administração pela Universidade Federal do Maranhão - UFMA, com estudos em Gestão, a título de mobilidade acadêmica, efetivados na Faculdade de Economia da Universidade de Coimbra - Portugal. Atuou como Professor da educação profissional e tecnológica no Serviço Nacional de Aprendizagem Industrial – SENAI-MA. Atualmente leciona as cadeiras de Empreendedorismo e Administração de Empresas na Universidade Ceuma e Universidade Estadual do Maranhão - UEMA respectivamente, sendo Coordenador Adjunto do Curso de Administração da Universidade Ceuma, onde atua como professor orientador da Empresa Junior, Valor Consultoria. Possui experiência na área de administração, com ênfase em Gestão Estratégica de Pessoas, Controladoria e Educação.

CONTATO COM O AUTOR

Comentários e sugestões são bem-vindos por meio
do e-mail do autor: paulo.fonseca@ceuma.br ou
fonseca.e.fonseca@hotmail.com